U0003194

旅繪台灣

|推薦|

在旅行的路上，繪畫並不是用手，而是心。緩緩地，看到了細節的心思，看到了構圖的平靜，也看到了感動的光影。那是一種宗教的儀式，在旅行的路上，有了態度。

作家、浩克慢遊節目主持人 王浩一

畫是流動的，仔細點就能看到繪畫的人用筆觸刻下時間、光影的行進。別人遠道而來看的景色，可能只是我們生活中的路過。透過這本書或許能勾起日常忽略的重複，或者是，在某天成為那位遠道而來的人。

漫畫家 阮光民

很多時候我們習以為常的風景事物，其實一直在改變，所以我自己有時也會和書中一樣帶著筆和顏料速寫記錄。透過描繪會更仔細的看著眼前的景色，也很鼓勵透更多人過觀察和觸摸質感去看見更多關於台灣的樣子。

行動一人郵遞 鄭培哲

「科技男＋藝術家」這樣有趣的身分，使得藝術蝦的作品具備獨特的藝術性，又可從中看到理性的畫面經營，每每欣賞他的畫作，總是為其畫面的豐富細緻與巧思感到讚嘆。這次他走訪台灣，用其獨特的眼光，理性的觀看兼具感性的溫柔，將眼前的事物轉化成畫面，更透過書寫帶領大家從「心」認識這塊土地，是本不容錯過的好書。

《街屋台灣》作家 鄭開翔

▏緣起▏

　　兩年前，我的第一本書《台南巷框》出版了。對我而言，它象徵著一個階段的結束，也是下一個階段的開始。

　　話雖如此，但對於如何開始？下一本書該寫些什麼？竟是一點頭緒也沒有。不知不覺，就這麼過了大半年。感覺自己就像上好發條的齒輪，卻不知何時才能盡情轉動，這大概就是所謂的瓶頸吧。

　　在感覺特別苦惱時，我讀到了一本研究日治時代在台日本作家的著作。較有印象的章節，是關於佐藤春夫（一八九二－一九六四）的旅行見聞。

　　佐藤春夫是日本近代知名的小說家與詩人。一九二〇年二十九歲時，他來到了這座南方的熱帶島嶼，進行一場為期三個月的孤獨旅行。這時的他因感情挫折而鬱悶不已，文學創作亦遭遇瓶頸，那些在生活中累積的壓力彷若一雙不斷往外推移的手，讓他決定暫時離開，找尋心靈的自由。佐藤春夫為這段旅程留下內容豐富的紀錄，這些作品不僅細緻地還原了日治時代的島國風情，也對後世產生影響。

　　我對日本作家眼中的台灣會是什麼面貌感到好奇。順著這條脈絡，找到了佐藤春夫台灣書寫作品群的中譯本《殖民地之旅》，這讓我終於有機會走進他的文字裡，發現有別以往的台灣印象。閱讀過程中，隱約察覺某種拉力帶我看見旅人眼中的風景，進而貼近他的人生、聽見他的聲音。

　　整理心中所思，沒想到竟被書中描繪的昔日風情深深地吸引。它慢慢發酵，成為第二本書寫作的方向。

　　於是，我決定出發，跟隨著佐藤春夫的腳步，開啟一場新的旅行。他去過、看過的地方，我都會再去一次。過去的行履雖已結束，但那些記錄著歷史圖像與旅人心境的文字，依舊能為今日的旅程帶來新的視野。我想，這也是認識台灣的另一種方式。

我的旅繪台灣地圖

基隆

台北

能高越嶺道

鹿港

日月潭

台南

高雄

今日的台灣之旅

　　我根據佐藤春夫旅台的路線順序,將本書分為七個章節,從基隆、高雄、台南、日月潭、能高越嶺道、鹿港、台北,依序重遊他走過的每一處,並用文字與畫筆記錄我所看到的風景。

　　一百年的時間，在這座小小島嶼上抹去了諸多痕跡。比方說基隆和平島上的琉球人聚落如今成了造船廠的一部分、鹿港巷弄裡的紅磚老屋正逐漸腐朽損毀、高雄的哈瑪星僅剩新濱老街廓還保存著當年的城市紋理、能高越嶺道上的天池山莊因戰爭和火災而多次改建。

　　今日的台灣早已不是佐藤春夫筆下的原來樣貌，再次走進這片風景的旅人也說著不同的語言、過著不同的人生。唯一相同的，可能是我們都試著在風景前停下腳步，好好的觀看與思考吧。

　　正因如此，我將佐藤春夫關注當年台灣社會現況的精神放入今日的旅行裡，對觀光生態進行反思。在高雄，我聊到了觀光與旅行的差別。我也試著以徒步旅行的方式重新認識日月潭的美。甚或，與在地人對話，挖掘鹿港老街於蓬勃發展背後的種種問題。

　　隨著九〇年代島內觀光熱潮的興起，我們都需要做出改變，嘗試讓觀光成為旅行的各種可能，才能看見不同面向的台灣。這也是我在找尋佐藤春夫足跡中學到的事情。

　　除了文字書寫外，我也靠著繪畫創作認識這個世界。曾有朋友半開玩笑地對我說：「你的畫讓我想到了梵谷。」

　　他的玩笑讓我受寵若驚，不過確實在創作時，不斷浮起十多年前初接觸繪畫時看到梵谷作品所留下的種種感動。

　　這樣才算真正的創作吧！

　　我始終循著這個方向不斷努力。那些無法言喻的心情成了一塊又一塊的筆觸，它們比文字更直接，堆疊出我所感受到的印象。或許，這是我的畫讓朋友想到梵谷的原因。

　　在這一年來的旅行裡，遇見不同的風景，也以它們為素材，畫出有別於《台南巷框》裡以巷弄為主題的創作。像是和平島的海蝕地景、集集鎮下著大雨的綠色隧道，或鹿港酒吧裡啜飲啤酒的微醺少女等等。因為旅行，創作題材變得豐富，我也擁有更多感動。

　　這本書是我在二〇一九年間寫給自己旅行日記，記錄一個工程師畫家的成長。現在，我將它交到你的手上。請跟著我，來場找尋佐藤春夫足跡的台灣之旅吧！

目次

第一站
基隆
‖‖‖‖‖‖ 和平島旅情記 ‖‖‖‖‖‖

色彩多變的黃昏時刻

和平島旅情記

旅行的起點

這是我第一次來到基隆。

在台北教完水彩課後，急忙趕往火車站，傍晚時分，天空逐漸轉為橘色，然後又降為深深的紫色，開往基隆的列車就在流動與變化的色彩下向前疾行。

我們都曾到過陌生的地方，童年時家門外的小巷弄、不在生活範圍裡的社區、某個名不見經傳的鄉間小鎮或台灣之外的廣大世界。我想，只要我們從未去過，便能譜出旅行的旋律。拍照是人們記錄回憶最熟悉的方式，不過，也有人透過文字留下它們。這時我想了起佐藤

春夫《殖民地之旅》中記錄基隆之旅的〈社寮島旅情紀〉(*1)。這篇遊記發表時的一九三七年，佐藤春夫已經四十多歲了，透過書寫，回到十七年前剛抵達台灣的年輕時代。因為時間久遠，記憶早已褪色，在基隆碼頭上岸、前往社寮島（今和平島）、到訪琉球聚落、參觀媽祖廟，一系列的活動就像發生在某個夏季午後的夢裡，覆著矓矓面紗。回憶如夢，人生如夢，這大概就是他想抓住的感覺吧！

　　此時此刻的我，帶著找尋過去風景及嚮往海洋意象的心情，抵達了目的地。

我所看見的風景

　　走出車站，迎面襲來的是股厚重潮濕的氣息，皮膚沾到空氣，宛若碰到殘留桌面的糖漿，有著黏黏的觸感。這座城市被群山圍繞、被海風吹拂進來的水氣不斷累積，形成了多雨的性格，難怪會被人們稱為雨都了。

　　隔日一早，我從旅館出發前往海洋廣場。廣場在港區末端，空氣中瀰漫著淡淡鹹味。最靠近的船隻是艘十層樓高的巨大白色郵輪，船舷上印著藍色圖紋。近年來基隆大力發展郵輪觀光，吸引了不少遊客。其實早年在日治時代，基隆已是人們往來兩地的重要港口。那時連接台灣與日本的航線被稱為「內台航線」，其中「神戶基隆線」與「那霸基隆線」都以基隆做為終點。那時的

在基隆港停靠的高大郵輪

從前往和平島的大橋上回望阿根納造船廠

c.w.lin
2019.12

正濱漁港的彩色房屋，坐落在前往和平島的大橋旁邊

基隆就像今日的桃園機場，連結世界，展示台灣。不過，隨著時代的變遷，現在基隆已從台灣門戶退居至邊陲地帶。

離開海洋廣場，我租了一台機車，沿著公路前往和平島。在和平島入口處的大橋旁有兩個特殊景觀。其一是阿根納造船廠遺址，巨大的鋼筋混凝土結構悄然地矗立在海岸旁，無法承受時間的部分都已腐化，就像一條死去鯨魚的遺骸，了無聲息。另一個風景則是正濱漁港，有如希臘風景般的彩繪房屋，洋溢著生的氣息，與一旁的造船廠形成鮮明對比。

將機車停放好，我透過步行的方式繼續接下來的路途。

跨越大橋來到和平島，路在前方展開，兩側是帶著暗灰色調的水泥建築，招牌蒙了灰灰的薄霧，時間似乎停留在七、八〇年代。

對旅人而言，旅行是一串的長鏈，包含離開、移動與抵達。步行的過程中，許多事物和我擦肩而過，比方說撐著陽傘手拿蔬菜的老太太、閒置在綻放著紅色九重葛下的攤販等，但是一道普通的圍牆卻在

我的腦海裡盤桓了更久的時間。

　　我知道那道圍牆後是造船廠。但那也曾是琉球人的聚落，他們隨著日治時代的到來而移居和平島，也隨著日治時代的終結而離開，沒有留下任何痕跡，成為了一個只能從佐藤春夫的遊記裡想像的風景。

　　走在時間的維度裡，感覺到自己正與某個世界重疊，就像住在同棟公寓的不同樓層，隱約可聽到天花板上流洩而下的聲音，卻又無法

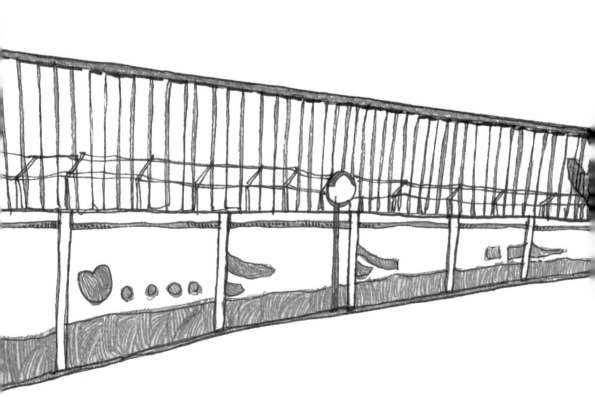

平一路的風景，造船廠內是昔日的琉球聚落

親眼目睹對方的生活樣貌。這帶給我們的諸多想像，我想，這便是所謂的歷史吧！

　　地質公園入口附近是一片開闊的草坪，白色的步道連接到海邊的岩石地形，它的岔則通往遊客中心，那是一座類似西班牙城堡的土黃色建築。正當我猶豫著下一步時，廣播聲響了起來，「十點半將有公園導覽，請有興趣的訪客到遊客中心登記。」於是我決定先參加導覽。

我所感受的海洋意象

　　負責導覽的志工是位年約六十多歲的大叔Ｕ先生，臉上掛著笑容，看來很健談的模樣，除我之外，還有兩對情侶來參加導覽。來到海邊的小廣場，Ｕ先生推開隔離廣場與海岸的柵欄，就像打開一道封印的結界，帶我們進入了一般遊客未曾觸摸的地帶。

　　浪濤聲從前方傳來，大自然雕刻著頑強的岩石，歷經無數光陰，終於迎來它的屈服，形成這一片表面布滿凹洞與痕跡、散落著黑頭石柱的土黃色風景。不知名的綠色植物在岩石縫及遠離水面石頂上奮力求生。接觸水面的岩石因漲退潮的影響，被染成了深褐色。

　　「你們可以摸摸看這些岩石。」Ｕ先生指著腳底下的土黃色岩塊說著。

布滿凹洞的海邊岩石

　　「這些岩石的觸感很像砂紙，摩擦力很大，如果用力摩擦，還會磨出粉末來呢！」於是我用手指摩擦著岩石，驚嘆著神奇。

　　「是呀。這些岩石都是泥質砂岩，它們原本是海裡的泥巴，在地質作用下變成了岩石，但還是很脆弱，因此在東北季風和海浪的侵蝕下，成就了現在的特異景觀。」Ｕ先生解釋著。

　　Ｕ先生還說這些矗立在海邊的蕈狀岩是由兩種不同硬度的岩石組成，因為侵蝕速度的差異，形成了上粗下細的杏鮑菇體，遠遠地看，就像是正在凝望大海的沉思者。

　　另一個讓我印象深刻的地方，是這裡看似不毛之地，卻是一個生機盎然的世界。

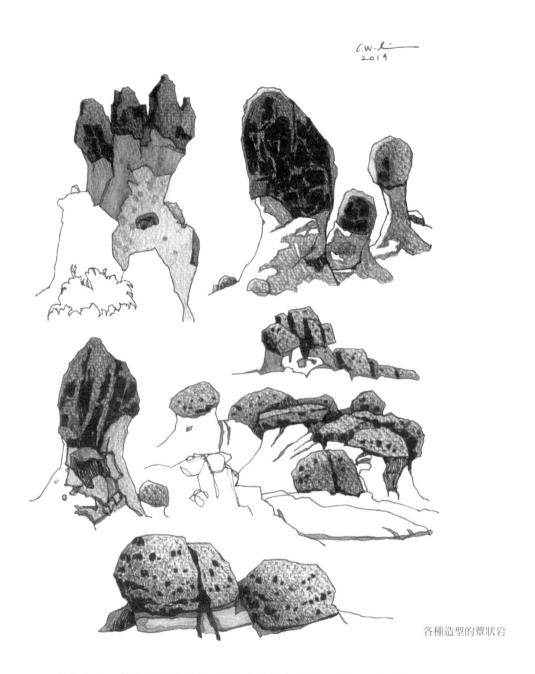

各種造型的蕈狀岩

　　U先生在一個角落蹲了下來，示意我們過來觀看，我發現岩石上有許多長短不一的條狀痕跡。他說這些都是幾千萬年前生活在泥巴裡管蟲的活動痕跡，是一種生痕化石，在泥巴變成岩石後，成為了足跡

的影子。透過管壁的形狀，想像這些遠古生物的生活，不論是休息、緩慢移動或遇到掠食者驚慌失措的移動，都能透過生痕化石的形狀表現出來。這些痕跡，代表著來自過去的生命，即使是小小的管蟲，同樣能在大宇宙的洪流中留下曾經來過的歷史軌跡！

我們繼續探索，踏著岩石，像跳棋般前進，從一塊跳到另一塊。岩石間水窪裡有成群的魚苗、海膽，還有我叫不出名字的海魚，甚至紅色的珊瑚。這時炎熱的天氣漸漸降溫，天空也由湛藍轉為厚重的白色。

來到更靠近海岸處，我注意到這裡的岩石相當奇特，就像一層又一層整齊的榻榻米，平鋪在海岸上。U 先生說它們叫「豆腐岩」，是順著岩石「節理」縫隙往下侵蝕後所形成的地貌。若侵蝕只發生在岩石的固定一側，就會變成海蝕溝或海蝕洞。可以說，節理的存在對海蝕地形的生成，是很重要的因素。

站在這片受到鬼斧神工的大自然景觀裡，我對它產生了共鳴。十年前，當自己還是研究生的時候，每天窩在實驗室裡開發特殊的金屬材料。為了觀察金屬的微結構，得花好幾個小時打磨試片。從最粗的砂紙開始，慢慢研磨至微米等級的拋光布，將粗糙的表面處理成可看見倒影的光滑鏡面。最後，再用強酸腐蝕，得到真正的微結構。

我想，看過顯微鏡的人應該都會同意，巨觀的海蝕地形和微觀的金屬世界彼此連結，有著共通的語言。例如沿著節理腐蝕的豆腐狀結構、鑲嵌著類似蕈狀岩的黑色顆粒、打磨過程所遺留的少許刮痕，當然也包含了紋理本身的造型之美。手工處理試片的過程就某方面來說，宛若一部縮時攝影，將大自然打磨岩石所需的千萬年，濃縮到幾個小時完成。

大概是因為勾起了求學生涯中那段觀察微結構的時光，在走入這片崎嶇的海蝕地形時，我有了熟悉的感覺。

離開海蝕地形，我們沿環山步道走上山丘。海平面上的不遠處，有一座金字塔般的孤單小島，白色小船在其周圍緩緩繞行。U 先生說，那是由火山噴發岩漿堆砌而成的火山島「基隆嶼」，別看基隆嶼周遭海面一副平靜模樣，海面下可是布滿了大小暗礁，以致岸邊的水流詭譎多變，特別容易出意外。

越過環山步道的最高點，來到山的另一側，可遠眺遊客中心與海水浴場，稍遠處則是堆砌著消波塊的造船廠，更遠的山腰下便是聳立著三根巨大煙囪的火力發電廠。鳴著汽笛的貨櫃輪緩緩駛入港口。當我們回到遊客中心時，已是中午十二點半了。

午後的媽祖廟

蒸發旺盛的午後，夾雜著潮濕的空氣與汗水，黏膩的讓人昏沉。離開和平島前，我順道拜訪了島上的媽祖廟。會特別來到這裡，也是為了找尋佐藤春夫曾經書寫過的地景。可惜，當年的那間古廟，已於五十年前因應道路拓寬而被拆除了，圍繞著古廟的樹林也隨著城市的發展被密集的住宅取代。今日來訪的媽祖廟其實是重修後的新建築。

廟裡空無一人，透著一股慵懶的氣息。寧靜，隨著線香的燃燒裊裊升起，周圍只有淡淡的燒香味、嘰嘰喳喳的鳥叫及隱約從遠處傳來的鑽頭聲。如果再安靜些，或許我還能聽見自己怦怦的心跳吧！

供桌上擺著貢品及幾尊神像，神像的身上掛了布條，寫著祈求闔家平安、信徒某某捐贈等等。視線所及的深處，則是戴著燦爛頭冠的媽祖主神像，四周滿

在小峰上的涼亭，遠處海面上的島嶼是基隆嶼

布細緻的金色雕飾，上方還掛著
匾額。我雖是個無神論者，但不
知怎麼地，還是雙手合十的連拜
了三次，祈求神明保祐《旅繪台
灣》能順利出版。

　　抬頭仰望，入口處的「藻
井」帶給我靈感，它的結構像蜘
蛛網般展開，金色的神像、色彩
豐富的線條層層交疊，形成猶如
纏繞畫般的繁複之美。

　　此時天空突然「轟隆」一聲
巨響，隨即下起傾盆的午後雷陣
雨。而我的和平島散步，也隨著
這場突如其來的大雨劃下句點。
我想，基隆終究是躲不過雨都的
宿命。

媽祖廟裡造型繁複的藻井

第二站

高 雄

||||||||| 城市的舊風景 |||||||||

參考老明信片重繪的哈瑪星街景

▍城市的舊風景▍

哈瑪星的故事

　　二〇一九年的某個週末，為了找尋佐藤春夫的足跡，以及高雄城市發展的源頭，我搭乘輕軌來到南鼓山。這個地方被當地人稱作「哈瑪星」，是日文濱線（Hamasen）的台語發音，有海岸鐵道的意思。老地名有趣之處在於，它提供了一條檢視過去的線索，也帶給我一個繁榮的想像，仔細推敲，哈瑪星的誕生其實和縱貫鐵路的通車，及現代高雄港的誕生有著緊密的關聯。

　　在古代，哈瑪星曾是被稱為「打水灣」的潟湖。一九〇〇年，連接台南與打狗間的鐵路修建完成，火車站坐落於壽山山腳，離港口還

有一段距離。為了方便運送貨物，當年的殖民政府以填海造陸的方式填築了「新濱町」，將鐵路由壽山一直延伸至海邊，連結碼頭和魚市場。最後那一段緊貼海濱的鐵路，便是當地人所稱的濱線。

　　緊接著是湊町的修築。一九〇八年縱貫鐵路全線通車後，全島貨物自此能源源不絕的透過鐵路運送到打狗港出口；為了打造現代化的深水良港，築港計畫也於同年啟動，奠定了今日高雄港的基礎。開工不久，日本商人淺野總一郎看中土地開發的商機，利用築港時挖出的淤泥修築海埔新生地，打造出嶄新的市街「湊町」。這是一個從無到有的全新現代化市鎮，不僅有棋盤式規畫的寬廣街道，更是高雄最早

一九三七年的哈瑪星地圖（引用自中研院 GIS 專題中心）‧2

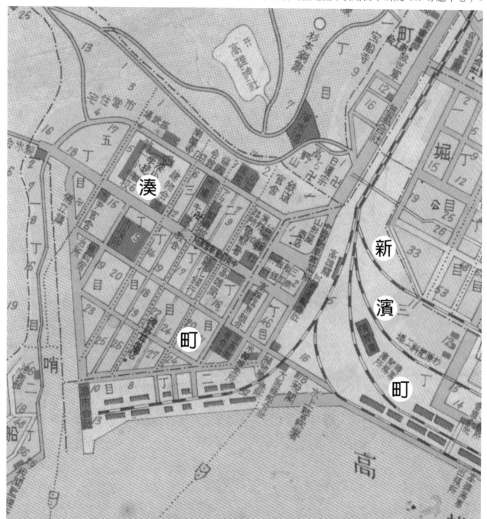

使用自來水與電力的地方，也是繁榮的政治、經濟、交通的中心，哈瑪星一躍成了現代高雄都市發展的起點。

然而，哈瑪星的繁榮卻像顆流星，在歷史的夜裡一閃而過。狹小的腹地趕不上日益膨脹的人口，迫使殖民政府在一九三〇年代展開了新的都市計畫，將城市重心往東遷移，這個決定同步帶動了產業的外移，哈瑪星也因此失去昔日鋒芒。不過，它還是以漁業重鎮的角色保持繁榮的餘暉，直至一九七〇年代漁業也遷出為止。

絢麗的煙火終會歸於平靜，今日的哈瑪星僅是一個平凡的城市角落，日治時代的樣貌不復存在，只剩下棋盤式的街道格局仍提醒著人們歷史的足跡。

哈瑪星的故事就此結束了嗎？還沒呢。由於這裡是到旗津的必經之路，近年來隨著遊客的湧入，又逐漸熱鬧了起來。

觀光的興起

走下月台，是一大片被鐵軌切割的草地。明亮流線的輕軌列車旁停放著老式的火車頭及車廂，與點綴在草地上的人們，形成一幅優閒

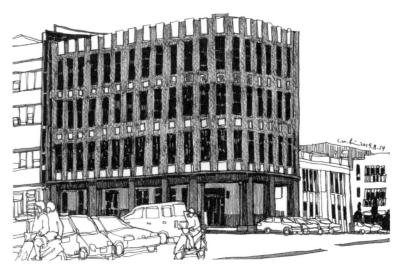

貿易商大樓外觀，
擁有典型的現代主
義風格

畫面。這片大草地曾是縱貫鐵路終點調度火車的地方，如今被活化成綠地公園，而舊火車站則成了展示文物的打狗故事館。

打狗故事館附近，有條視線能觸摸到盡頭的寬敞大道，沒什麼車輛經過，空氣彌漫著西部電影的荒涼。一棟刻有「貿易商大樓」的老建築靜靜矗立著，是大道上最高的建築。門口擺了塊宣傳立牌，我在好奇心的驅使下，推開了咖啡色大門走進屋內。

大樓內清爽明亮，牆上貼滿巨幅海報，介紹著哈瑪星發展的軌跡，以及建築本身的歷史。貿易商大樓剛於去年修復完成，原址是日治時代著名的高級旅店「春田館」。當年的春田館在太平洋戰爭末期遭美軍空襲炸毀，後於一九五一年時重建。由於建築工法、風格都源自日治時代，工匠也是同一批人，所以仍然可從它的身上一窺當年樣貌。

我對春田館出現的時空背景相當好奇。一九〇八年縱貫鐵路全線通車後，台灣島內的移動變得更加舒適快捷，原本從基隆到高雄步行得花上數日時間，現在搭火車不到一天就能抵達。便利的鐵道交通，加上殖民政府的大力宣傳，吸引了許多日本人將台灣列為觀光首選。人們搭乘郵輪來到基隆，再利用火車前往各地，找尋心中的南方印象。在觀光起飛的潮流下，出入高雄火車站的旅客人次倍數成長，連帶造就了哈瑪星旅館業的昌盛。

從學界的研究可知 (*3)，台灣日治時代普羅觀光的誕生與縱貫鐵路的出現密不可分，交通方式的變革，成了觀光發展的催化劑。然而，這卻是個「早熟」的產物。

當時，日本社會與經濟發展已日趨成熟，大眾觀光文化湧現，觀光組織如雨後春筍般冒出，積極推廣日本人走出國門進行旅遊。由於尚未開放海外觀光，殖民地旅遊順勢成了「離開日本而不出國」的最佳選擇。與此同時，殖民政府也希望透過推廣觀光來展示治理成果，因而促成了台灣與日本的觀光事業，在兩地經濟與社會條件差距懸殊的情況下，因緣際會的發達於同一時期。

春田館抓住了觀光起飛的商機，在縱貫鐵路通車的前一年開幕，它的存在可謂隱含著時代的象徵，揭開台灣出現觀光活動的序曲。

山上：壽山的風景

　　離開貿易商大樓，我前往壽山山腰，探訪高雄神社故址。順著千光路往上爬，隨著步伐的前進，周遭景觀開始變得陳舊。沿途盡是簡陋平房，參差不齊的錯落在山坡上，樓梯迂迴於縫隙間，蜿蜒而上或向下延伸，帶給我置身九份的錯覺，這裡，就像是一座微型的山城聚落。而低飽和度的色彩、土耳其藍的褪色牆壁及拼貼著鐵皮的違建加蓋建築物，都為眼前畫面增添了一絲鬱悶的氣息。

　　氣喘呼呼地走了一段路，來到陡升的髮夾彎，通往山下的視線已不再被建築物或樹木所遮蔽，可以清晰地俯瞰由壽山所環抱的哈瑪星。棋盤格子似的街道輪廓從水泥叢林裡浮出，像是被草叢蓋住的小路，雖不明顯但還有痕跡。街道上汽機車的引擎聲也能隱約聽見。很難想像這座灰色的市鎮曾是一片寧靜的潟湖。

　　來到山腰的忠烈祠，這裡曾是日本移民修建的高雄神社。可惜神社建築群因一九七〇年代台日斷交，被政府認定為「敵後遺物」而遭報復拆除，改以新建築取代，以強化台灣人的國族意識。這讓我深感

C.W. R
2019.8.17

千光路口的起點。這附近曾是佐藤春夫到訪高雄時借住的友人家故址

C.W.Lin
2019.4.30

千光路的山城聚落，沿著山坡的階梯與房舍讓我想到九份

今日的忠烈祠本殿

神社的石燈籠殘跡

遺憾,從古至今,空間的塑造都是展現政治意識的首要工具,沒有例外。

　　雖然建築物已經不同,但忠烈祠的格局與原有的高雄神社並無二致,階梯旁的石獅子仍在原來的位置,只是鳥居消失了,被白色的中式山門取代,原屬於神社建築的木造圍籬則成了包圍正殿的迴

俯瞰哈瑪星風景

廊。忠烈祠的正殿改以典型的中國北方宮殿樣式，鋪上厚重的黃色琉璃瓦屋頂。大紅屋簷下，建築構件彼此交疊，形成了纏繞畫般的複雜圖案。

來到觀景平台，多數遊客都聚集在此遠眺港都美景。從這個高度觀看，遙遠的海平面被捏成了一條細線，巨型貨輪宛如玩具般緩緩移動，八五大樓與城市的輪廓亦清晰可見。難怪高雄神社要選擇落腳在壽山半山腰了，這裡無疑是一處既親近城市又遺世獨立的地帶，擁有天寬地闊的視野，讓神明可以一覽無遺守護祂所摯愛的土地。

山下：新濱老街廓

離開忠烈祠，我循著原路返回。接著，再前往附近的「新濱老街廓」探訪。

新濱老街廓是個微型社區，它躲過二戰轟炸與戰後都更，是目前哈瑪星碩果僅存的日式街廓，記載著城市發展的軌跡。然而，這座見證高雄城市發展史的活化石，卻曾在二〇一二年面臨被改建為停車場的命運。

抗議拆屋的在地
居民

從當時的報導可知（*4），老街廓要被拆除的消息引起了在地居民和文化人士的激烈抗議。他們發起了「不拆、不遷、守護哈瑪星」的自救運動，這場示威成功吸引了大眾目光，在群眾壓力下，市府只好暫緩拆除，維持現狀。在守護的過程中，仍有主張拆除的聲音，他們認為老屋破舊又髒亂，全盤否定新濱老街廓存在的價值，我想這代表了社會上從「實用」的角度出發，對老屋保存的另一種態度。

實地踏查，今日新濱老街廓並無原先想像的完整。老舊的日式街屋與鐵皮屋錯落在一起，而部分的空間也已經成了停車場。不過，若與鄰近的現代水泥樓房相比，這裡依舊能讓人感受到一股明顯的時代斷層。沿著新濱老街廓散步，從一個轉彎處，我走進貫穿街廓內部的巷弄裡，地面鋪著灰白色水泥，空氣中飄散著淡淡霉味。

帶給我印象的風景是一棟腐朽不堪的日式木造建築，外牆像被粗糙砂紙摩擦的破爛布料，纖維被撕碎，裸露出黑色大洞。看著搖搖欲

新濱老街廓速寫

墜的模樣，我不禁想，當年在此生活的居民會是誰呢？是因為日本戰敗而離開嗎？這棟老屋有什麼故事？

另一個風景則是與綠色植被共生的紅磚建築，據說這棟老屋在日治時代曾是知名旅店，現在同樣處於廢棄狀態。鐵門布滿厚重鐵繡，窗戶被完全堵塞。雖然建築物已死，但與之共生的植被卻散發出旺盛的生命力，茂密的樹葉覆蓋了部分的巷道，積極拓展生存空間。死亡與生存，就在眼前和諧的共存著。

我想，自己大概可以理解贊成拆除新濱老街廓的人是怎麼想的。在他們眼中，這裡只是一個被時間遺忘或逐漸死亡的地帶，與快速發展的現代城市格格不入。既已行將就木，何不全數剷平，拿來解決都市的停車問題。不過，若想得更深入些，老街廓並非只有建築本身，它是一個揉合了時間痕跡與城市記憶的遺址，就像褪色泛黃的老照片，代表著過去的我們。佐藤春夫曾說：「荒廢，是漸將消失的東西當中還有活著的精神殘存的意思。」(*5) 活著的精神，或許便是那些遺留在廢墟裡的生活軌跡吧！

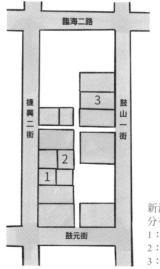

新濱老街廓被保存下來的街屋分布圖
1：打狗文史再興會社（P37）
2：廢棄日式木屋（上圖）
3：高州御旅館（P36）

新濱老街廓裡和茂盛的植物共生的廢棄紅磚建築。日治時期是由台灣人所經營的「高州御旅館」

打狗文史再興會社

　　從巷弄離開，在新濱老街廓另一側，我來到「打狗文史再興會社」。這是一個由熱愛文史的年輕人與在地居民在成功保存老街廓後，為了將動能延續所成立的組織。這裡時常舉辦講座與導覽活動，還有自己的木工教室，是推廣高雄文史的教育基地。

　　我在門外的長椅稍作休息，並和一位年約七十的社團成員駱先生閒聊了起來，他的解說讓我對新濱老街廓有了更多了解。觀察今日哈瑪星的城市風景，只有新濱老街廓逃過改建的命運，這是我感到納悶

打狗文史再興會社（日治時期為佐佐木商行高雄支店）

的地方。梳理其中緣由，方知這裡在戰後曾被規畫為廣場用地，由於對未來充滿了不確定性，沒有建商願意投資，居民也不敢自行改建，再加上廣場施工計畫拖延了幾十年，才意外將當年日式街道的樣貌保存了下來。

　　雖然逃過七年前的拆遷，但這裡至今仍沒有重建計畫，最多只是維持現狀而已，老屋的修復得仰賴屋主單打獨鬥才能完成。實際上，對於新濱老街廓未來的發展，還處於摸索的階段。

　　最後，當我們聊到哈瑪星這幾十年來的變化時，駱先生感嘆地說：「從前哈瑪星很熱鬧。現在渡輪碼頭旁邊的停車場曾經是魚市場，漁船大概清晨四點入

打狗文史再興會社近景

駱先生

港，清晨的時候都能看到穿梭在市區載送漁獲的機車騎士，這是我小時候印象最深刻的記憶。可惜，後來漁業遷出，哈瑪星沒落，那個繁忙的畫面，從此不復存在。」

　　離開前，我和駱先生拍了一張合照留念。在他目光灼灼的眼神裡，看見了一位熱愛鄉土的在地居民。

濱線消失的脈絡

　　下午四點多的高雄，太陽正緩緩向西移動，光線被暈染成淺淺的鉻黃色，炎熱依舊不減。離開新濱老街廓，我前往臨近海岸的捷興一街。途中，若隱若現的鐵道痕跡貫穿路面，串連起兩側寬闊的空地，這正是濱線遺址。

　　順著捷興一街走，來到停放著幾艘白色遊艇的第二船渠，小艇們靜靜地沉睡。路的盡頭是間小廟「文龍宮」，廟的後方到魚市場間已被密集的老舊住宅填滿，完全看不出濱線曾經出現的痕跡。文龍宮是當年來到哈瑪星討生活的安平移民們所建的廟宇，它的出現，吸引了

高雄第二船渠

魚市場（為了找尋較好的視野，我走到哨船頭，才能看到全貌）

安平移民們來到戰後廢棄的濱線碼頭區定居。民宅陸續修建，替換了原本的倉庫，濱線隨之消失。時序來到今日，由於居民結構的新陳代謝，這裡的住民已非安平移民的後代，只剩下最初連結的文龍宮依舊矗立著。

　　文龍宮旁有條深入小安平的白色巷道，它是曾經的濱線鐵道。走進巷弄，可以隱約感受到一股落寞的氣息。部分房舍已廢棄，堆積灰塵的浴室裸露在外，外牆更是破爛不堪。我快速地離開了這個小區，從另一條巷道來到熱鬧大街，盡頭是遊客前往旗津的渡輪碼頭。

　　做為濱線終點的魚市場就坐落在渡輪碼頭旁，現在是個有著橘色頂棚與水泥圓柱的停車場。汽車取代了黑鮪魚，

遊客取代了漁民，就像消失的濱線，只剩下一片空白。不過，隱約間似乎還能察覺到另一種氣息，從前的生活方式雖已是幻滅的泡影，然而，城市的記憶卻仍然殘存著。從這個角度出發，理解濱線與魚市場的變化脈絡，也就不再讓人感到無聊了。

滿載乘客前往旗津的渡輪拍打著海浪，「嘩嘩嘩」激出深深淺淺的白色泡沫。看著逐漸遠去的渡輪，這趟的午後哈瑪星散步也跟著告一段落。

關於旅行的深夜討論

由哈瑪星返回台南家中的晚上，一幕幕人潮湧向旗津渡輪的畫面，正在五十吋的電視螢幕上反覆播放。記者報導的聲音透過 SNG 連線，緩緩傳送到我的面前。

「這個新聞好像之前就播過了，幹嘛一直重播？到這樣塞滿人的旗津，真的好玩嗎？」喝著啤酒的我忍不住碎念著。

「電視台都這樣。」坐在對面、正將啤酒倒入杯中的 A 君說，「台灣就這麼大，卻有二十四小時的新聞台，重播很正常啦。對了，旗津應該還不錯玩吧！我最近看到一個美食部落客的介紹，推薦了旗津老街、彩虹教堂，還有許多必吃必去的美食和景點呢。」

「是喔？坦白說，旗津老街並不是很吸引我。雖然稱作老街，但其實一點也不老。普普通通的民宅，寬廣的柏油路，到處林立的廣告招牌，完全看不出老街的樣子。所謂老街文化，還真是台灣的特色呢！」

我講得直接，但 A 君卻對我的抱怨完全無動於衷，他先喝了口啤酒，然後試圖反駁。「你對景點的要求很嚴格耶！出去玩就是為了放鬆，我才不管老街老不老，到那邊買小吃或紀念品，不也挺好的，還能幫忙拚經濟。彩虹教堂不就吸引很多人前來拍照打卡嗎？」

此時，電視正播放著旅客抱怨旗津某海鮮餐廳的烤鳳螺超級小顆、卻索價高達五百元的新聞。攝影機的鏡頭，把民眾憤怒的表情及

參考日治時代的老明信片所繪製的旗津風景

超小顆的烤鳳螺，生動地呈現在螢幕上。消費真的讓我們放鬆了嗎？
還是讓我們累積更多的不滿？

　　這幾天我都在讀佐藤春夫的台灣書寫，文章裡關於百年前旗津的
樣貌，激發著我的想像。我拿起手機，從相簿裡找到一幅畫，那是在
讀完描繪往日漁村風情的遊記後，參考旗津老照片再加上自己的想像
所畫的創作，畫畫時我一直在想，如果能走進這片風景裡，那該有多
好。

　　就以旗津來說吧，老街或許早被各種商業活動占據，但旗後砲台
和燈塔仍然值得一逛，那邊還保留著純樸的氣息。而且，若是認真地
走一遍老街之外的巷弄，或許仍會有新的發現。

當然，我並非覺得旅行不能消費，只是不喜歡全然以消費為導向所進行的旅行而已。希望旅行可以在緩慢中進行，更是希望旅行能夠深入的看見一個地方的內在。那是一種從旅人的眼光來看待事物的方式。而我，就是閱讀和畫畫。

我們閱讀歷史、閱讀文學，它們為每一段旅行帶來故事與思考，從表面的風景看到立體的全貌，進而與腳下的土地產生某種程度的連結。這遠比腦袋空空的到景點消費打卡，然後再到此一遊的離開要有趣得多了。

畫畫，是緩慢旅行的方式。我會把好奇心悉數打開，只為了能夠更細緻全面的觀察周遭的每一個細節。因為畫畫不同於拍照，可以像施展魔法般在瞬間捕捉眼前的畫面，我必須埋頭苦幹，一筆一筆去創造屬於自己的回憶，這也是與風景的親密互動。

哎，我也了解並非每個人都會畫，然而真正的重點其實是緩慢，而非畫畫，畫畫只是手段而已。我們只要在旅行的時候，放慢自己的腳步，多點好奇心去觀察與挖掘風景，就已經足夠。而且，該思考的是，我們旅行時究竟是走馬看花、匆匆一瞥，又或是深入在地人文歷史，與自己生命碰撞，激盪出更深的感受？我想，當年佐藤春夫便是以一種文學家的情懷，透過細緻的目光觀看這個世界，否則我們也無法透過他的書寫，看到昔日台灣人的生活樣貌了。

我喝著酒，就這樣跟Ａ君叨絮了一整晚。

旅行與觀光，是兩個常被人混為一談的概念。呂湘瑜教授（*6）認為，觀光指的是「為了娛樂的旅遊實踐」，屬於休閒活動的一種。觀光客走的是被安排好的行程，看的是被指定的風景，可以安然舒適的享受事先安排好的節目。她還說，近年來觀光常常成為「集體性的旅遊活動」，在這樣的模式下，觀光客更難從每一段的行程中產生深刻的感受與觀察。

相較於易被定義的觀光，旅行就複雜多了，這無疑是件非常主觀的事情，以致每個人都有自己的做法。有人展開一場壯遊與探險，有人踏上宗教的朝聖之路，有人只是閒晃和漫遊，也有人在生活中找尋

風景。仔細回想，我能在《生番行腳》裡看到人類學家為了追求知識而在台灣山地的探險旅行、在《轉山》裡看見迷惘少年為了找尋自身意義進行雲南到西藏的單車旅行，更在《老派東京》裡看見中年大叔於東京街頭到處閒晃的旅行。旅行本身，有各式各樣的表情。

　　到底什麼是旅行？真是一時間難以說得清楚。或許所謂旅行，並不在於找尋新的風景，而是在於以全新的角度認識這個世界，只要了解這點，即便是再平凡不過的景物，也能在我們心中留下回甘的記憶。

找尋旗津舊風景

　　隔天一早，再度回到鼓山渡輪碼頭。隨著排隊人龍走進船艙，整段航程僅需十多分鐘。對岸一座巍峨的小山始終陪伴著這段航行，那是旗後山。它最早叫旗山，源於山形宛若旗幟，而山下沙洲就像旗桿的緣故，山後聚落被稱為「旗後」，是旗津的老地名。

　　根據文獻記載，十七世紀中葉，漢人漁民徐阿華因躲避颱風的偶然機會下來到旗津，發現這是一片魚獲豐饒且適合居住的無人地帶，於是邀請同鄉來此建立聚落，成了旗津開發的起點。兩百多年後，清朝因二次鴉片戰爭的失敗，促成打狗開港，當年英國領事館與海關起初設置在旗津，直到十多年後才遷至哨船頭。貿易的發展讓這座小漁村迅速發展成「華洋雜處、商賈雲集」的繁榮市街，成為古代版的哈瑪星。

　　日治時期，隨著高雄築港與哈瑪星的開發，旗津的商業貿易與政治中心的地位

漸被取代。不過,與欣欣向榮的哈瑪星相較,這裡的市街仍保留了濃
厚的閩南風情,有著截然不同的面貌。縱貫鐵路通車後,殖民政府大
力鼓吹觀光,旗津特殊的人文景觀被列入了遊客來到打狗觀看的建議
行程裡,成為旗津觀光的源頭。

　　戰後,旗津沉寂了很長的時間,一直是高雄城市發展的邊陲地
帶。然而一九八〇年代起,市府啟動了長達二十多年的旗津觀光化進
程,老街商圈、藝術廣場、遊客中心、海景步道和大型停車場拔地而
起,一連串的工程,將原本缺乏建設的海邊聚落改造成了一座「觀光

大島」。隨著觀光化的成功，旗津的觀光客人次也由一九九九年的四
萬多人飆升到二○一八年的五百八十萬人。小小的島嶼，迎來了自己
人口數約兩百倍的觀光客。

　　在機車轟隆的嘶吼聲中，我跟著人群離開渡口。從大學時代到現
在，我來過旗津多次，攤販、海灘、燈塔和腳踏車是我對這個觀光大
島的主要記憶。二○一九年的旗津依舊帶給我同樣的印象。比方說那
個充斥著各種招牌的老街，色彩的衝突與混亂已是台灣現代城市的外

在旗津老街裡的攤販、遊
客、腳踏車店等人物速寫

顯基因。攤販迎賓似地從渡口綿延至海岸公園。遊客們來到老街，似乎就是吃海鮮、買紀念品，最多走到海岸公園逛逛，忙著消費拍照而忘了看見真正的旗津。

旗津舊聚落

　　今日的旗津已是一座觀光大島，那些古老的風景是否仍然存在，是我感到懷疑的地方，不過這份懷疑在走進巷弄後一掃而空。狹窄的巷弄裡坐落著許多顏色黯淡的老房子，它們像被隔離的病人，消失在大眾的視野裡。幾乎不會有遊客來訪，以致這些巷弄靜謐的聽得見窸窣的腳步聲。

旗津舊聚落裡的老厝

舊日式宿舍群

　　旗津的巷弄無疑是個創作天堂，不論是荒廢的或仍在使用的補丁
老屋，每個角落都擁有引人入勝的元素，有時是肌理，有時是色彩，
有時是造型，它們都提供了豐富的靈感。只是這些老屋的保存狀況並
不理想，事實上，它們正在逐漸消失。根據二〇〇八年的統計資料，
老屋的數量只剩下旗津全區的百分之五，十多年後，它們的比例只會
更低。

廢棄的腳踏車

舊日式宿舍的風景

修善堂的大叔

　　信步漫走時，讓我印象深刻的是修善堂的風景。這是棟坐落於破敗老屋中的雄偉廟宇。一樓處已被封起，但樓梯是敞開的，可以走到樓上的露天迴廊。二樓是供奉神明的大廳。雖不清楚這裡供奉的是哪些神佛，我仍然雙手合十的拜了三下，對突如其來的闖入說聲抱歉。

　　從迴廊往外俯瞰，發現了意外的驚喜！原以為旗津的天際線肯定是由現代建築所組成，即便有老屋存在，紅瓦的景觀也只會是破碎零

從修善堂二樓某個角度所看見的紅瓦天際線，是即將消失的旗津舊風景

散的點，不會是線，更不會是面。然而，連成一片的紅瓦天際線竟出現在眼前，現代建築反倒退至遠方成了配角。我想，這應該就是旗津舊聚落最後的天際線了吧！

修善堂的大叔

這時一名年約六十、頂著啤酒肚的黝黑大叔來到二樓，他戴著一副厚重眼鏡，下排牙齒的縫隙熏著深色的紋理。

大叔是附近居民，剛好來廟裡走走。他順便向我介紹了修善堂供奉的神明，二樓是關聖帝君和觀音佛祖，三樓則是至聖先師孔子。這間廟同時供奉儒釋道三教主神，宛如神明公寓。

我向他詢問靠近修善堂的一棟紅瓦老屋，大叔說那是他小學時的一位女同學家，現在已經廢棄沒住人了。

大叔回憶滿滿地說，那時大家都很窮，班上很多人吃不起像樣的午餐，唯獨那位女同學家境富裕，便當裡總是放著一根紅通通的香腸，有時還會帶三明治，看得他口水直流。尤其是三明治，那可是童年的他從未聽聞的特殊食物。

我們談到了旗津過去的風景。大叔說這座修善堂的歷史有一百多年，但建築本身卻是一九六二年改建的。落成時，從修善堂登高望遠，盡是一片紅瓦矮屋的景觀，視野非常遼闊，可以直接遠眺海灘，也能看見旗後山的砲台。只是，後來周遭的房子越蓋越高，視野因而縮短了不少。

「離開前記得再拜一下，向神明道別呀！」當我正打算走下階梯的時候，大叔認真地提醒著。

隱身在巷弄裡的
永安發老屋

永安發老屋

　　永安發老屋是此次散步特別關注的重點。它隱身在不起眼的巷弄裡，日治時期曾是當地文人雅士的集會場所，然而因歲月侵蝕、年久失修，老屋坍塌成僅剩立面的骨架，雜草與垃圾塞滿原本吟詩作對的空間。它的重生契機起於幾年前，一名懷舊青年承租下這個空間，並以自己的力量展開重建，他以十年為期，一邊修復，一邊開放使用。而這段連續活化的過程，讓老屋就像個有機體，帶給來訪者不同的感受。來旗津前，我從網路得知這棟紅磚洋樓重生的故事，於是決定拜訪。

　　從熱鬧繁忙的老街走進安靜的巷弄裡，永安發老屋躍入眼前。洋樓正面是跑馬樓，雖然二樓拱廊已被水泥封死，依舊能從填補的痕跡看到露天迴廊原有的模樣。現在不是開放時間嗎？為何大門上有鎖，透過窗戶往內看也不見人影。

　　我並未感到氣餒，其實光是看到這棟老屋整修後的風采，就已不

永安發老屋室內空間，屋頂與二樓木板都已經腐朽坍塌，只剩圍牆立面，成為名副其實的透天厝

枉此行了。

　　經過長久的風吹日曬和雨水侵蝕，斑剝的水泥與殘存的紅磚彼此融合，形成一種充滿自然紋路的肌理與故事。當過往一切的繁華盡歸枯寂，看著牆壁與舊家具，給人帶來無限遐思。沒有人有沒有人的趣味，寧靜的氛圍反而加速了這種近乎浪漫主義幻想的蔓延。可惜今天

旗津燈塔的風景。這是參考更早以前到訪時拍攝的照片所繪的作品

這裡沒有舉辦活動，無法拜訪那位懷舊的青年。我想，他的老屋修復計畫應該還在進行著，或許下一次來訪的時候，便會有新的面貌呈現。

更深入巷弄，來到永安發老屋的後面，那裡有一個通往二樓、由紅磚塊堆砌而成的階梯。樓上是一扇沒有門扉的小門，其形象與《楚門的世界》裡主角謝幕離開的那扇門有些相似。站在門口，可以俯瞰永安發老屋的室內格局。我好奇地想著，若二樓和屋頂皆已修復，走上來又會是一片怎樣的光景？

旗後燈塔的回憶

拜訪完永安發老屋後，前往旗後燈塔，這裡可以俯瞰高雄港和旗津街道。坐在台階上發呆，我想起了三年前曾獨自一人坐在同樣的地方畫水彩速寫的經驗。

記得那天是星期一，因為沒注意到當天是公休日而被擋在燈塔外。失望之餘，回頭望了一眼山下風景，反被它吸引住了。方塊盒般的民宅彼此排列，色彩繽紛，直讓人聯想到希臘。我索性坐在大門前的台階上，開始畫畫。

作畫時，仍有不知情的遊客爬上山頭，發現燈塔沒開後又失望地離開。其中有位來自北京的小姐，發現我在畫畫，和我攀談起來。她剛從大學畢業，進入職場剛滿一年，這段期間一直猶豫著要不要出國留學，轉換人生跑道，進修藝術策展相關的學位。她目光炯炯地說著

這行業在上海有很多機會，但又擔心自己只是活在夢想的泡沫裡。苦惱之際，決定和幾個友人利用長假到台灣旅行散心。

我忘了自己說了些什麼，只依稀記得說過暫時離開北京也好，讓自己喘口氣，或許回家後就會做出決定等等的想法。她離開前，我們

從旗津燈塔往下俯瞰的高雄風景，留白的取捨讓我想到了對待人生的態度

還互留微信帳號。幾個月後，我收到了她的來訊，她高興地說，自己已經辭職，且已成功申請到法國某間藝術學校，不久後就要出發。

　　這位小姐在人生道路上的猶豫帶給我啟發。我想，人生的選擇和我作品中的留白選擇非常相似。什麼地方該留白，什麼地方不需要，留與不留，都會畫出截然不同的感覺，有遺憾也有驚喜，就像每個選擇都會造就獨一無二的人生。三年後，我坐在原來的台階上，回憶著與她相遇的片段，繼續想著同樣的問題。

C.W. Lin
2017. 10. 9

第三站

台南

‖‖‖‖‖‖‖ 佐藤春夫的文學地景 ‖‖‖‖‖‖‖

今日的安平古堡

▎佐藤春夫的文學地景▎

女誡扇綺譚的意涵

　　佐藤春夫的台灣書寫為生活在現代的我打開了一扇觀看過去風景的窗戶，也讓我對現實世界有更深刻的理解。因此特別挑選了以台南為場景的小說〈女誡扇綺譚〉(*7)，開啟一場找尋文學地景的旅行。

　　台南是台灣最古老的城市，也是座富含文化底蘊的城市。富有中國風情的建築、古今變遷的景物帶給佐藤春夫深刻印象，促成他根據這段旅行見聞，在台灣之旅結束的五年後，於一九二五年發表在台灣文學史上影響深遠的小說〈女誡扇綺譚〉，這篇小說也成為他生涯的代表作之一。

這是一篇描繪主角與朋友在廢棄大宅追查女鬼真相的偵探故事。發表後，隨即受到日本文壇的關注與肯定，成為日本作家台灣書寫的先例。因為這篇小說的出現，日本文化界對台灣開始感到好奇，不少生活在台灣的日本作家都深受影響。

在邱雅芳教授所著的《帝國浮夢》裡，對這篇小說有著詳盡的分析。閱讀後，我有了以下心得：出身內地的佐藤春夫帶著現代文明意識來到古老而迷信的台南，與殖民地人民的接觸，使得他一方面不自覺地流露出文化優越感，然而卻又在不斷的互動中、在帶著距離感的觀察裡，產生同情與理解，進而慢慢改變了原本看法。這些複雜的情緒透過作家的文學之筆，被包裝在異國情調（日本人眼中的中國風情）的外衣底下。(*8)

我們不也是如此，在旅行中與人們相遇，產生出不同的視野與思考。不論是偏見的破除，還是既定印象的強化，都在我們的心中，建構出新的自己。

小說故事

〈女誡扇綺譚〉的故事是這樣的，佐藤春夫以記者的身分，和朋友世外民剛從安平回到禿頭港，回想起稍早所見的廢墟之美。在安平，他們拜訪了安靜又荒涼的社區，登上廢傾嚴重的安平古堡，眺望著遠方日漸淤積的港口，滾滾泥水映入眼簾。安平帶給他們的，是一股滲入空氣的孤寂感。

位在府城市郊的禿頭港，曾是連結安平的運河端點，到了日治時代已完全淤積陸化。他們隨意漫步，來到地上鋪著古老石頭的街道，在沿著街道的石牆裡發現了一灘大泥池、一棟高高的灰白色銃樓，以及最深處的一幢荒廢許久的大宅邸，想不到又是另一個廢墟，禿頭港廢屋。

世外民不經意地提到禿頭港曾是「港口」的過去，這才讓佐藤春夫意識到，這幢豪華廢屋殘留了過去繁華的影像，讓他興起了到廢屋裡一探究竟的念頭。向附近一位阿婆詢問路徑後，他們潛入屋內參

觀，卻因聽到彷若幽靈般年輕女子的聲音而嚇得趕緊離開。然後再向阿婆描述剛才經過時，竟讓阿婆臉色大變，說他們遇見了徘徊在廢屋裡的女鬼！

阿婆害怕地說起了女鬼的由來。女鬼原是原屋主沈氏家族的千金沈大小姐。沈氏靠海運發跡，是府城首屈一指的富豪，卻因為一場猛烈颱風損失了全部的商船，而急速沒落。遭遇劫難後，沈氏家族逐漸消亡，只剩沈家大小姐一人。她因為迭遭厄運而變得瘋癲，最終死在屋內。於是人們開始傳說，她靈魂從未離開，成了徘徊在廢屋裡的女鬼。

當晚，佐藤春夫和世外民來到酒樓「醉仙閣」飲酒，繼續討論這段廢屋奇遇。世外民認為真有女鬼的存在，但佐藤春夫卻堅信女鬼只是迷信而已，他們所聽到的聲音，肯定是在廢屋裡與情郎私會的放蕩女子，至於女鬼的故事，其實只是個按照《聊齋誌異》裡的故事套路所編寫的傳說。兩人就在酒杯間爭論了起來，時間滴答流逝，這場關於廢屋女鬼的討論也一直持續，似乎沒有停止的一刻。

比起沈家大小姐的鬼魂，佐藤春夫對在廢屋的偷情女子更有興趣！幾天後，他與世外民又回到了那棟豪華廢屋，不過這次並未遇見任何人，反倒意外發現了可能是沈家大小姐曾用過的物品「女誡扇」。

原以為一無所獲，他們後來卻從一則男子在廢屋中自殺的新聞裡找到了女鬼真相的解答。原來偷情女子是附近富商家中的婢女，她被安排嫁給內地人，情夫為此殉情而亡。面對可憐的婢女，佐藤春夫非常同情，並將扇子歸還。

原以為該事件已告一段落。就在幾天後，佐藤春夫卻從同事手中看到另一則採訪消息，那位婢女竟也服毒殉情了。他的同事認為本島人討厭嫁給內地人是不應該的，想以此觀點來撰寫報導，佐藤春夫則是站在婢女立場而與其爆發爭執，一氣之下，辭職離開了報社……（小說到此結束）

小說裡哭泣婢女（真實的女鬼）想像圖

找尋禿頭港廢屋

　　週末清晨六點，我坐在書桌前，桌上放了一疊厚厚論文。晨光從玻璃窗透了進來，照射在紙上，讓字跡變得更加銳利生動。這些資料是日本的河野龍也教授關於〈女誡扇綺譚〉文學地景的研究，我看到了探討小說場景「禿頭港廢屋」的段落，慢慢的，一幕幕清晰的圖像，湧現眼前。

　　河野教授找尋廢屋的第一條線索，是張日軍於一八九五年製作的台南地圖，或許是無心插柳，這份地圖意外將禿頭港廢屋的輪廓和位置記載下來。根據推測，小說裡的廢屋應該就是「新港墘港」旁的造船廠「廠仔」。(*9)

　　新港墘港是清代橫貫台南市區的五條港運河分支。三百年前，多數市區還是一片稱為台江內海的潟湖，隨時間的前進而淤積，在陸化的過程中形成了水道縱橫的新生地。漢人移民們在新生的土地上建造家園，商人們將則殘存的水道開闢成運河，連結安平港，逐漸形成五條主要港道，這些手指般的港道深入城市，被稱為五條港，是清代時期兩岸貿易的樞紐。

　　至於小說中廢屋所在的那條鋪有石頭的街道，便是地圖上所記載的「老古石街」(*9)。清代末期，五條港僅剩水道較深的新港墘港尚可通行船隻，貨物漸漸集中到此運送。苦力將船裡壓艙的咾咕石卸下改裝貨物，被卸下的咾咕石成了鋪路的材料，這條商旅雲集的港邊市街因此被稱作老古石街。戰後，改名為信義街。

　　在河野教授的研究裡 (*9)，他挖掘了廠仔的過往歷史，還原這間早被淹沒在城市發展裡的古老地景：

一八九五年的台南地圖（引用自中研院 GIS 專題中心）*10

一九三〇年代安平運河的戎克船（引用自美國拉法耶特學院）*11

　　在清代，台南有三座大船廠：北廠、南廠與廠仔。其中南廠與廠仔都是頗有規模的民營造船廠，而廠仔又被稱為「南埕廠」。廠主姓陳，先祖約十八世紀中葉渡海來台，開創了陳氏家族的造船事業。

　　占地廣大的廠仔位在新港墘港道的最深處，被稱為「港底」。為防備海盜入侵，建有堅固厚實的咾咕石城牆與三座銃樓。陳家大厝就在廠仔高大的圍牆內，是一棟裝飾華麗的漂亮宅邸，兩側護龍通往中庭的出口有精緻的圓拱門，大厝旁還設有家廟「代天府」供奉祖先。廠仔做為一個建有城牆、銃樓、豪宅、家廟的建築群，不難想像陳家富甲一方的風景。

　　廠仔的興衰與港道和安平港的發展緊密連結。當歷史的軌跡進入日治時代，五條港日益淤積越來越難以行駛船隻，海峽兩岸的貿易路線也已斷絕了，再加上安平港漸被打狗港取代，對新造船隻的需求越來越小。失去了地利之便與訂單來源，廠仔只能被吞沒在時代的巨浪裡，在一九〇〇年左右結束了事業，陳家自此沒落。

　　解答了廢屋可能的由來後，河野教授實地走訪了老古石街，並在

巷弄裡發現了陳氏家廟「代天府」。信義街是我相當熟悉的地方，但代天府卻是我不曾知曉的地景。為了找尋這個地景，好奇心高漲的我決定直搗黃龍。

廠仔遺址探訪：代天府

透過一位在信義街開店的朋友大可的協助，我找到了那座隱藏於巷弄間的代天府。這座小廟比論文裡的照片還要再更富陳舊的氣息，木門上的紅漆褪色嚴重，露出斑駁肌理，屋簷下懸掛的黃色橫幅「三府王爺」也覆蓋著一層骯髒的灰塵，不過我注意到貼在門扉上的紅色門聯與黃色符紙卻很鮮豔，像是最近才剛貼上。大可打開門上的密碼鎖，領我進入這間小廟。「你怎麼會有密碼？」我問。

「喔，這間小廟現在沒有管理人，由網路上號召的一群年輕人認領，定期有人來上香。裡面有個主事者知道我在做柴燒紅豆湯，他們每年辦桌，我會端鍋紅豆湯和他們一起湊熱鬧。前段時間，他們在另一間廟拆下一些廢柴，問我要不要拿來燒紅豆湯，還說如果沒地方放，可以放到廟後的空地，所以就和我說了密碼。」大可說。

代天府裡沒有太多擺設。中央的黑木神壇裡應該要供奉三尊神像，如今只剩一尊。一旁的桌上還擺著幾個詭異的小木偶，身上縫製著鮮豔衣裳，但表情凶狠嚴肅，似乎是神明護衛的樣子。光線微弱地從狹窄的木窗縫透了進來，讓

隱身在巷弄裡的代天府，是廠仔最後的痕跡

代天府的室內空間，光線緩緩地透了進來

供奉著王爺的神桌

室內微醺著一股悶悶的氣息。這裡是個被凍結的時空，也是廠仔最後的遺跡了。我想，如果這間小廟消失了，或許也不再有人知道信義街曾經存在過這麼一個興盛的造船廠了吧！

信義街裡的廢棄大宅院，讓我聯想到小說裡的禿頭港廢屋

老古石街散步

難道，現在的老古石街附近再也找不到〈女誡扇綺譚〉裡的風景嗎？這也未必。信義街四十六巷裡有幢廢棄的大宅院，它就像從佐藤春夫小說世界中蹦出來似的，出現在我的面前。

大宅院護龍的圓形浮雕

這棟占地廣大的廢宅有著很長的縱深，午後光線在綠意盎然的庭院裡緩緩灑落，視線透過大門縫隙，穿過敞開的玄關，能夠觸摸到隱藏在更裡層的小院落，以及一棟漆著紅色典雅木門的建築，眼前的畫面散發著一股唯美氣息。

這天和我一起拜訪這棟廢宅的是位剛認識的朋友 W 君。幾年前他曾到過這棟廢宅的內部參觀，當時恰好遇到了來廢宅餵鴿子的屋主大叔才順利進去。這次，我們也在門口等待那位大叔的到來。時針滴答的流逝，就像看不完的電影，一直等不到結尾。最後等得實在太無聊了，只好先行離開，順著從前的老古石街，前往街道的起點：兌悅門。

巷弄裡的孤島

腳下的街道有部分曾是新港墘港的河道。不遠處，南北向寬敞的四線大道「金華路」像灰色的河流，將老古石街攔腰截斷。跨過金華路後，來到鋪著灰色石板的街道，這裡才是歷史中老古石街的精華地帶。

街屋在眼前展開，經歷了多年的更新，沿途老房子並不多見，主要還是以現代水泥樓房為主，只是一個平凡的城市角落。平凡有平凡的好處，過往的繁榮已成來自遠方的微光，行走其間，更多的是一種生活空間的優閒氛圍。心情是輕鬆的，腳步也隨之慢了下來。我們很快地來到兌悅門。這座老城門是全台南僅存唯一可以通行人車的老城門，歷史最早可追溯至一八三二年。它的前方有個小廣場，茂盛的大

大宅院的前庭風景，視線穿透門口縫隙，可以貫穿到更深處的紅色門扉

榕樹和城門融合共生，鄰近還有一整排漂亮的老房子。

在兌悅門稍作停留，循另一條路線往回走，在集福宮前轉進信義街一○八巷。巷口不遠處，一座孤島般存在的舊聚落吸引了我們的目光。眼前只有一條通往深處、筆直又侷促的走道，被破爛的街屋夾在其中，在它的最裡層，宛若一個陰暗洞穴，像會吸走所有快樂似的，被一種近乎壓抑的調子所籠罩。

我和 W 君決定走進這個聚落探險。這裡的街屋是木造與磚造結構的混合體，鋪著深褐色屋瓦，木板上的油漆斑駁，褪色的嚴重。腐敗的霉味滲透在空氣裡，屋簷的遮陽棚像海波般起伏。更讓人感到詭異的，是一面布滿灰塵的玻璃上貼了一張金色彌勒佛的大頭照，在陰

今日兌悅門的風景，這是台南市目前
仍在使用，唯一可以通行人車的城門

孤島般的老社區，在充滿死亡氣息的盆栽裡，仍有生命的存在

暗的環境裡，彌勒佛的微笑竟散發著靈異詭譎。

　　過了像洞穴般的狹窄走道，來到一處稍稍開闊的空間。眼前有一
棟鋪著黑瓦的老舊木屋，「南無阿彌陀佛」的誦經聲不斷從裡頭傳出
來。透過木柵窗往內看，發現這棟木屋似乎是一間佛堂，從灰暗的室
內可以勉強看到桌上放了一男一女的木雕，以及幾尊透著紅光的蜜桃
造型神明燈。為什麼要在破敗聚落深處設置佛堂，還持續不斷地誦
經，是在超渡亡靈嗎？

老社區的最深處，有間不斷傳出誦經聲的平房

　　「這裡似乎有點陰森。」W君說。

　　「你也這樣覺得呀。」

　　「我們看看還是先出去吧！」

　　我們一刻也不敢停留，飛快離開這座詭異的老聚落，回到明亮的
世界。這時我的心裡閃過一個念頭，「哎，這裡真像是我讀〈女誡扇
綺譚〉時，心中所浮現的禿頭港市街呀！」

信義街六十巷的風景

離老聚落不遠處,還有一條小巷弄,是信義街六十巷。這條巷弄並不起眼,地面鋪的也不是石板,而是常見的紅色地磚。兩側的房子古老嗎?說不上來,但有種舊舊的質感。

算是意外的驚喜吧!街貓出現在各個角落,虎斑米克斯最多,另外還有黑色的貓咪。牠們大多怕生,保持警戒地遠遠的盯著我們,如果走得太近,貓咪們就會急忙地跳開保持安全距離。受到街頭生存法則使然,牠們對陌生人充滿警覺,不像被馴化的家貓般溫馴。

巷弄裡還有一塊長著雜草的空地,空地旁有棟非常特殊的拼貼建築,是由尺寸不一、色彩繽紛的鐵皮與波浪板所組成的三層樓破宅,讓我想到了《霍爾的移動城堡》。它的造型富有韻律變化的美感,有著如畫般的趣味。後來得知這棟廢屋是間鴿舍。可惜,幾個月後,整棟建築已被夷為平地,唯一剩下的是我所畫的水彩畫。城市風景的變遷,遠比想像的要快得多呀!

C.W.Li
2019.5.13

巷弄裡各種姿態的街貓

C.W. Lin
2019.4.2

大宅院的紅色後門，香蕉樹的葉子非常茂密，搭配紅色地磚與老屋，是典型的台南巷弄風格

再度回到廢宅

　　跨越金華路，回到原本散步出發的街區。現在，呈現在眼前的，是紅色搶眼的大門、茂盛的香蕉樹、典雅的兩層樓老屋及紅色樸素的地磚。這些元素聚在一起，仍是個如畫般的風景。

　　我大概知道為什麼自己這麼喜歡台南的巷弄了，在這個揉合了各種生活風景的空間裡，輕易的就能從各個角度，找到讓人滿足的記憶片段。

　　沿著路來到一條狹窄巷道，它像峽谷似的，被兩側的樓房夾在其中。安安靜靜的，似乎也將外界的各種紛擾噪音藏了起來，僅留下輕輕的腳步聲。不久，我們再度回到那棟豪華的廢宅。「門還是鎖著的。」W君失望地說。

　　看來，我終究沒有機會揭開這座廢宅的神祕面紗。

神農街散步

　　距離老古石街不遠處，還有條古老的街道「神農街」。會來到這裡，亦是跟隨河野教授的腳步，找尋小說廢屋的另一個可能。透過挖掘史料，河野教授認為位於神農街的漂亮洋樓「沈鴻傑故居」，也有可能是小說描述的廢屋。(*12) 可惜，我們已遍尋不著其蹤跡了。這棟洋樓早在一九三七年時因被規畫為道路用地而遭拆除，它所在的原址是今日神農街出口，位於海安路上鋪著灰色地磚的空地，每天早上停滿了到水仙宮市場買菜的機車，完全看不出昔日的風景。

有著走馬樓建築風格的安平洋樓，讓人聯想起小說廢屋原型的沈鴻傑故居風采

今日的神農街是目前台南市區裡少數仍可呈現完整歷史意象的場域。街道兩側有古老的木造兩層樓街屋，是清代五條港貿易極盛之時留下的痕跡。近年來，老屋觀光熱潮興起，每到假日這裡便會湧入大批人潮。對遊客而言，神農街或許只是個充滿懷舊風情的地方，但對我而言，卻是生活風景的一部分。

在我的記憶裡，最濃郁的神農街印象來自幾年前的元宵節。猶記那年，由金華府廟方主辦，鄰近社區的居民們沿街道兩側架起了以竹竿組成的拱形結構，拱形之間綁上紅色輕盈的長形布幔，用接力的方式延伸覆蓋了整條神農街，花紋複雜的燈籠則掛在布幔下方。

白天時，陽光經過布幔過濾，再往下灑落，地面透散著薄薄的紅暈。夜晚時，燈籠發出光線，先打到布幔沾上紅色後再往下渲染，把地面染成更飽滿的紅

沈鴻傑故居遺址今日是海安路的公園空地，很多到水仙宮市場買菜的人都將機車停在這裡

色。那樣色彩濃烈的神農街，有種西班牙式的熱情，是讓人印象深刻的風景。

很可惜，後來神農街不再舉辦掛燈籠的活動，那個畫面真正的成為了絕響。

找尋醉仙閣

在〈女誡扇綺譚〉裡，還有另一個被廣泛討論的文學地景「醉仙閣」。醉仙閣是佐藤春夫與世外民探訪廢屋後，喝酒辯論的地方。

根據河野教授的調查，醉仙閣是真實存在的酒樓，它位在鄰近神農街不遠的宮後街（*13）。這條普通的巷道雖不起眼，但在日治時代卻是個開著酒樓與店舖的熱鬧地帶，甚至還曾是新聞報導的焦點。實地重遊，繁華褪去，我所看到的宮後街只剩幾棟老建築還存活著，至於醉仙閣則成了一棟被充作車庫的老舊民宅。老實說，如果不是對小說內容或醉仙閣的過去有一定程度的了解，走在宮後街，不會激發起任何火花，因為它是如此的平凡與單調。

為了搜集更多關於醉仙閣的故事，我拜訪了醉仙閣的後人吳桑。吳桑是一位年紀和我相仿的青年，在台南市東區裕豐街開了間同樣取名為「醉仙閣」的西洋糕點店。讓我頗為驚喜的是，店裡擺了不少老照片、史料與相關書籍，簡直就是醉仙閣史料館。

我在某個酷熱難耐的週末午後拜訪吳桑。在沒有冷氣的小店裡，吳桑穿著繡有「醉仙閣」金色字樣的黑色工作圍裙、戴著白色球帽和我相對而坐。從醉仙閣開幕和同行競爭的熱鬧商戰開始談起，講到了初代老闆跌宕起伏

醉仙閣的建築今日仍在，但已成為巷弄裡的普通民宅

的人生，最後才接續到其家族在一九二一年接手後的歷史。當他談起這段近百年的往事時，眼神中充滿了光芒。

「我們家接手醉仙閣後，店裡的生意蒸蒸日上，不少公司行號都在醉仙閣舉辦宴會，空間漸不夠用了，再加上原本的木造建築不符合新的消防法規，所以醉仙閣在一九三〇年搬離了宮後街，搬遷至新的大樓。」

「你知道醉仙閣搬離後，原本留在宮後街那棟建築的發展嗎？」我接著追問。

「那棟房子後來變成一間叫存養堂的診所，專看耳鼻喉和內科。至於之後的發展，就找不到記載了。」

講完醉仙閣搬遷的往事，吳桑開始介紹掛在牆上的老照片。其中印象最深刻的地方，是一百年前，一群漂亮女子與酒樓員工的合照，相片雖已泛黃，但畫面裡的女子依舊美麗不減。

台南醉仙閣洋菓子店裡的空間，站在櫃檯的人便是吳桑

「這些老照片是怎麼找到的呀？」我問。

「照片的原稿都保存在我舅舅家，這些是我翻拍重洗的。舅舅現在七十歲了，還常拿這些老照片出來看，他說這樣子很療癒。」吳桑邊說邊整理掛在牆上的照片，將歪掉的相框擺正。

為什麼這樣風光的一間大酒樓會消失在時代的漩渦裡呢？吳桑說，是受到戰爭的影響。一九三八年中日戰爭全面爆發後，緊張的氛

一九二七年醉仙閣藝妓、員工和老闆家族合影（吳坤霖提供）

圍下，醉仙閣的生意大受打擊。為了減少開支，吳桑家族決定頂讓，並縮小規模改經營小餐館「開仙食堂」，這間餐館一直撐到一九四五年美軍開始轟炸台南，人們紛紛疏散到鄉下避難，才結束營業。

戰後，吳桑的家族又重整旗鼓開了「大同飯店」，雖然起初生意興隆，卻在開業幾年後因陷入債務問題而倒閉。這已是一九四五至五五年間的往事。最後，這段在日治時代風光經營酒樓的記憶也逐漸為後人所淡忘。

我對吳桑努力挖掘家族歷史的熱情感到欽佩，也不禁讓我對他的下一步心存好奇，「不好意思，最後一個問題。請問你搜集了這麼多醉仙閣的史料，有什麼目標嗎？」

聽到我的提問，吳桑突然害羞起來，緩慢地吐出了自己的想法，「我希望醉仙閣的故事能被拍成電影！裡面的人物關係複雜，而且日治時代酒樓文化的起起落落、酒樓間的激烈商戰、藝妓與文人間的情感糾葛，都是很好發揮的題材呀！」

如同找到方向的候鳥，吳桑在過去的家族歷史裡，找到了生活的意義。

鬼屋裡的廢墟美學

在〈女誡扇綺譚〉裡，由廢墟本身所引發的「想像」，是貫穿整部小說的核心元素。廢墟美學，是我閱讀〈女誡扇綺譚〉時第一個浮現心頭的畫面。因為這個緣故，我想以一段和〈女誡扇綺譚〉類似的廢屋探險經驗，對廢墟美學做進一步的解釋。

我曾和朋友偷偷闖入一棟鬼屋探險，那位朋友是以前工作上的同事，暫且稱他「F君」吧。

鬼屋位在台南市最精華的商業地帶，附近有百貨公司、電影院、知名旅館、藝術村打卡景點等，組成繁華的協奏曲。但是，誰又能想到這裡竟坐落著一棟充斥死亡氣息的廢棄大樓。話說回來，若穿過時間的長廊，來到一百年前，或許就不會有違和感了。這裡在當時曾是監獄與刑場，周圍街區全是墓仔埔，要不是因為市區擴張，至今很可能還是陰氣森森的地帶呢！

清晨的台南街頭，是一副尚未完全甦醒的賴床模樣。馬路空蕩蕩，清冷的味道襯托著鬼屋的荒廢感。這間鬼屋曾是醫院，開設於一九七〇年代，由於院方不斷違反醫療法規，終被勒令停業。停業後，這棟大樓就像被遺棄的孤兒，就這麼閒置了二十多年。今日，在各種靈異傳聞的加持下，反倒成了一棟知名鬼屋。

F君帶我來到鬼屋旁的停車場。在停車場最深處的角落，有一堵紅磚牆，牆邊停著一輛藍色得利卡。

「就是這裡，我們從這裡進去。」F君指著那堵紅色磚牆說。

「翻牆？」我回問。

「是的，我們翻牆進去。」F君熟練地踩在得利卡後半部的運貨木板上，以它為墊腳石，手壓住磚牆上緣，然後用力一跳，順勢翻了過去。

好吧！只能跟他一起翻牆了！我也做出同樣的動作翻牆入內。

對於廢墟之美，我最初只有模糊的概念，然而，直到走進鬼屋的

廢墟空間，才真正體會到那種美的感受。

雜物散落的長廊，因為缺乏足夠的光線，再加上空氣的寒意，罩上一層薄薄的冷色調。穿過長廊，來到一處明亮中庭。高大的天井匯集戶外陽光，在圍繞中庭的灰色牆面上切割出形狀明確的陰影，陰影同樣罩染著一層冷冷的色調。

在這裡，死亡隨處可見。破掉的水塔、粉碎的玻璃破片和各種無用廢棄物凌亂的倒臥著。然而，我還是能發現生命的氣息。旺盛的綠色植物四處蔓生，在空蕩的寂靜中可嗅到從大街傳來如香水般淺淺的引擎聲，以及感受到撒落而下的溫暖陽光。死亡與生命就在廢墟裡共存著。

「到二樓看看吧。」F君説。

來到二樓，迴廊上的廢棄物四處散落，如果動作粗魯踩斷了木板碎片，還會發出「啪」的聲響。我們就像小貓，輕手輕腳的前進，沒

我後來獨自再訪鬼屋，花了一個上午的時間畫了這幅寫生作品，描繪的是充滿死亡與生命氣息的中庭

有說話，只是安靜的探索和拍照。

所有房間的窗戶玻璃早已破損殆盡了，僅窗框還遺留著。在其中一間病房，抽屜、撲克牌、各種瓶瓶罐罐散落一地，被厚厚的塵埃壓住。一張鋪著沙土的酒紅色單人沙發，孤單的靜置在廁所門口。面向外界的窗戶全部破損，留下赤裸大洞。這些大洞讓整棟建築像極了充滿小孔的海綿，雨水滲入，強風吹入，更加快了內部崩壞的速度。

隨著探索的進行，我們看到這間醫院越來越多曾經活著的痕跡。骯髒的桌子上放著一本鋼琴課本和幾張摺得皺皺的樂譜。病床旁的牆上貼滿褪色的美女圖。病房外的工作空間裡，甚至還能看到被丟棄在地的白袍。

我想，如果這棟鬼屋擁有靈魂，那麼這個靈魂肯定被永遠困在歇業的那一刻。這時我已經完全忘了「鬼」的存在。

看著充滿回憶物件的鬼屋，我問自己，什麼是廢墟？它又代表了什麼意義？在我的理解裡，廢墟是一個真實存在卻又被人遺忘的空間。它從人們原本生活裡密切接觸的一部分被抽離出來，經過時間的洗禮，轉化為承載著「活著的記憶」的特殊場域。

在廢墟裡，每個細節都連結著某種過去生活的面貌。斷簡殘篇的建築與遺物，帶著傷痕的記憶碎片，好似彈奏到一半卻戛然而止的曲目，總能輕易勾起人們的想像，透過進入時間與記憶的痕跡，找尋那些等待被聽見的「回音」。

試圖從死亡的物件裡聽到來自過往回音的我，想像這座醫院尚未歇業時的畫面。身著白袍的醫生和家屬在走廊上討論病情，護士忙碌地推著醫療器材從旁經過；探望病人的家屬擠過狹窄的樓梯，拿著禮物走進明亮的病房，與正在看書的病人相視而笑。那個流淌著各種回音的風景，是另一個層次的美感。我想，當年來到台南，在廢屋裡探訪的佐藤春夫，也曾聽見那些來自過去的回音吧！

「為什麼這裡會被認為是鬼屋呢？」我打斷了正在專心拍照的 F 君。

放下手邊工作，F 君講了幾個關於鬼屋的傳說。他說有人曾在五

樓的病房看過一位白髮老人和長髮女子，不時伴隨著淒厲的哭聲；有人則是曾在晚上目擊醫院裡出現四處飄移的鬼火等。

　　看著被四處塗鴉的牆壁，還有網路上的探險遊記，來這裡的活人應該比鬼還要多吧！離開時，F君帶我從鐵捲門一處破掉的小洞爬出來，回到大街，這時已是太陽高掛的上午十點了，空氣裡透著溫暖。

　　後來當我再次經過這裡，這棟充滿靈異傳聞的大樓已經售出。它會被拆除重建，還是直接整修成商旅，我不得而知，唯一知道的是，台南從此失去了一間可以探險的鬼屋。城市風景的變遷，就像流動的水一樣，不停留的直往前走。

第四站

日月潭

╫╫╫╫╫ 二〇一九的旅人 ╫╫╫╫╫

做為鐵道小鎮標誌的老火車站

▐二〇一九的旅人▐

集集：鐵道之外的風景

　　二〇一九年八月的時候，一連下了好幾星期的大雨，大概是因為每天都處在這種濕漉漉的環境裡，心情也跟著鬱悶起來。氣象報導說，大雨是受到了徘徊於台灣上空西南氣流的影響。至於這場氣流何時會走？似乎就像正在熟睡的人，只能靜靜等待他的甦醒。

　　對於永無止境的大雨，我很是著急。若在平時倒也無所謂，偏偏幾天後的日月潭之旅就要出發了，這是我重遊佐藤春夫旅台路線的重要行程。我計畫按照那個時代的旅行方式，先搭火車到集集住一晚，隔日再走水沙連古道，穿過土地公鞍嶺，前往日月潭。但是，這場大

雨讓我對山區健行的這段路線非常擔心，姑且不論是否會被淋得狼狽不堪，安全本身也是一大問題。思考許久，只能帶著僥倖的心理出發了。或許，雨會停下來吧！我想。

陳爸與永福堂古厝

來到集集前，因為一幅集集老街的水彩畫，我在臉書社團認識了陳爸。他是集集在地的業餘畫家，熱情地邀請我到他的工作室參觀，還答應開車帶我逛逛周遭景點。有陳爸當嚮導，應該能看到不同於觀光客刻板印象裡的集集。

早上十點，天空鋪著厚厚的一層烏雲，火車緩緩抵達這個被譽為鐵道小鎮的山中聚落。我跟著其他旅客離開車站，陳爸已在站前廣場上等候多時了。幾句寒暄後，他開著小巧的鈴木銀色 Solio，載我前往工作室。

老站前的街景，擁擠的廣告招牌已嚴重影響到鐵道小鎮意象的展現

車子駛過寫著「集集古街」的灰色牌坊，往小鎮的外圍移動。我發現這條路雖是古街，但日治時代的老房子卻不多，看不出有什麼特色，讓人感到困惑。聽了陳爸的解釋才知道，九二一大地震時，位於震央的集集受創嚴重，許多老房子都被震倒了。歷經災後重建，小鎮的面貌因此有了極大的改變。

我們聊到了那幅集集老街的水彩畫。陳爸說畫中的地點叫街仔尾，是他讀小學時上下課的必經之路，畫裡還有當年販賣零食小物的柑仔店。幾十年前，這段路每年都會舉辦熱鬧的廟會慶典，攤販們從外地趕來，充滿了過節的氣息。無論是到柑仔店買糖果，還是在慶典裡擠人潮逛街，都是他童年的幸福時光。

隨著車子越來越接近小鎮外緣，街道越發冷清，在一個路口左轉後，出現了農村般的綠色風景。民宅與火龍果、香蕉樹、檳榔樹的農田錯落兩旁，放眼盡是充滿泥土味的鄉村風情。可見在鐵道小鎮觀光區以外的集集，也是個依賴經濟作物的農業小鎮。這些車窗外的綠色風景，就像被拉長的色塊，從身旁流洩而過。

陳爸所繪的集集老街風景，因為這幅畫促成了我與陳爸的相遇（陳偉哲提供）

集集小鎮外圍的香蕉園，意謂著集集是一座以種植經濟作物為主的農業小鎮

雨中的永福堂，老厝外牆的白漆已劣化褪色，帶來了雙色的拼貼感，讓老屋更顯魅力

「陳爸在集集住了多久呢？」我問。

「小時候不算的話，目前住了七年多。我沒有讀大學，高中畢業後離開集集，後來又在大陸待了十八年。現在回到家鄉，算是半退休狀態吧。」

「離開了這麼久，會不會覺得現在的集集和記憶裡的家鄉不太一樣呢？」

「是呀，有種熟悉又陌生的感覺。」

「對了，陳爸現在都在做什麼呢？」

「主要是推廣在地農產品。我們家有田地，就自己種些作物，再加工成健康食品來賣。另外，有空時就畫畫。我高中時很喜歡畫畫，可是後來停掉了，直到最近才重拾畫筆，畫的好不好我沒有想太多，開心比較重要。」

　　我們離山越來越近，山巒間籠罩著一團白色的雨雲，緩緩地朝我們飄來。不久，來到了一幢坐落在巨大荔枝樹旁邊的古老房子，附近還有掛著「故鄉林尾」招牌的鐵皮工廠。車子直接駛進工廠。

　　在昏暗的室內停好車，陳爸說：「這裡是林尾，就在集集小鎮的外圍。等會兒我們先到外面的古厝看看吧，那間老屋叫永福堂，是集集歷史最久的建築喔，也是我們陳家的祖厝呢！」

　　正要離開時，原本還在遠方的雨雲卻飄了過來，隨即帶來一陣狂風暴雨。雨水淅瀝的傾瀉而下，眼前景色彷彿脫焦般，成了白色的世界。我們只好先到展示間等待這場大雨的結束。陳爸倒了杯自家釀的洛神花茶給我，接著講起了集集的開拓史。

　　說到集集的開拓史，早在明鄭時期，已有漢人來到集集西邊、靠近平地區域定居的記載，只是受限於河川的阻絕、險峻的山勢及原住民的襲擾，始終沒人敢進入更內層的山區，此時的集集做為原住民的獵場，仍是一片茂密的原始森林。

　　約莫於一七七一年左右，一隊漳州移民冒險渡過湍急的濁水溪，來到了集集。他們先在森林外圍落腳，隨即著手進行墾荒的工作，經過眾人努力，移民們成功闢建了良田，形成集集最初的聚落「林尾」。

　　墾荒成功的消息傳回平地，吸引了更多漢人移民湧入這片原始的森林，最終成為我們所知的集集聚落。陳家祖先也是在這波往山區移民的浪潮下，從漳州渡海來到集集，辛勤勞動，於林尾開墾了十甲的土地，從此落地生根。

　　當年，這裡曾是進入日月潭、埔里的必經之路，也是漢人與原住民的交易中心，做為旅人、物資的聚集地，集集之名由此而來。

　　剛才那場大雨隨著故事的結束而趨緩，只剩微弱細絲。我們撐傘來到了永福堂。這棟木造古厝建於一八四〇年，原本是三合院建築，但左右護龍已經不在，僅存中間主屋。褪色嚴重的外牆，輝映著積水的倒影及從屋簷落下的水滴，大雨過後，成了一個清爽而饒富韻致的畫面，引發我的田園幻想。

不過，永福堂的室內卻將我拉回現實。潮濕與霉味撲鼻而來，房間缺乏採光，地板破損，這裡早已不適合，也沒有人居住了，只是一具美麗的空殼。我想，對於成為空殼的永福堂而言，即便它美麗的外表正在腐朽，即便它的內部疊堆著灰暗與死亡，但古厝裡的每一塊木頭，都像山林裡降下的每一滴雨水，流向歷史與記憶的河流。

「走吧，我們去綠色隧道看看。」陳爸撐起傘，對我說。

雨中的綠色隧道

車子朝集集的西邊駛去，經過平交道，進入一條種滿蓊鬱樟樹的幽黯公路。此時，又下起了大雨。

這條公路是陳爸所說的綠色隧道。在大部分的旅遊雜誌裡，綠色隧道永遠是陽光燦爛，厚塗著一大片鮮綠色的明媚風景，與現在所見的黯淡景色相當不同。然而，眼前的畫面卻帶給我異樣的感觸，晴日裡的綠色隧道固然完美，卻少了品茗心情的滋味，畫得越久才越明白，我所畫的，其實是自己。所以，我期待下雨，更是期待畫下眼中的雨景。

「陳爸以前在大陸是做什麼呢？」車子在綠色隧道奔馳。

「喔，我以前在大陸經營生產各種節慶擺飾或裝飾小物的工廠。九〇年代台灣錢淹腳目，經濟很好，連帶的各種成本也在不斷上漲，像我們這種勞力密集產業，為了維持競爭力，只能過去。」

「去深圳嗎？」

「你猜對了。我大概在一九九四年時到深圳設廠，起初確實降低了成本，也賺了不少利潤。不過，隨著大陸經濟起飛及大眾消費習慣改變，市場不斷萎縮，撐了幾年，最後還是把工廠收掉，回到集集重新開始。」

陳爸像是個被時代追逐的旅人，帶著淡淡的哀愁，在外闖蕩了一圈，終究選擇回到熟悉的故鄉。我想，他和我分享的這段往事，也成了風景的一部分。

雨中的綠色隧道，帶給我一股平靜的感覺

集集攔河堰

　　從綠色隧道的終點龍泉折返回集集後，下一個目的地是集集攔河堰。這座攔河堰的功能是阻斷濁水溪，再將豐沛的水量引做農業灌溉與工業用水。由於連日大雨，溪水量暴漲，此時攔河堰正氣勢滂沱的排放大量泥水，水霧像沸騰的蒸氣在閘口翻滾，發出轟轟轟的低鳴。

　　我們在河岸旁下車，近距離觀看被攔河堰過濾後的濁水溪。前方是破爛不堪的地貌，遠方則是乾枯的河床。陳爸呆呆地望著河水，抽

集集攔河堰，左邊是翻騰的下游，右邊是平靜的上游

了根菸，緩緩地吐著氣説，他小時候常和朋友在溪邊玩水，現在已經
無法再親近了。在河岸待了一小段時間，為了有更好的視野，我們前
往鄰近山腰的涼亭，從那裡可以一覽無遺地俯瞰攔河堰兩側的濁水
溪。被阻斷的上游成了廣闊的湖泊，河的對岸是坐落在巍峨大山下的
集集鎮，更遠方的城鎮是水里，風景秀麗祥和，與混濁破碎的下游截
然不同。我想，人類對自然的索求，深深地改變了濁水溪的樣貌。

　　踏查結束，陳爸載我回到市區，途中停留大眾爺廟參觀。那裡有
株七百年的大樟樹，曾是林爽文事件的古戰場，因為那場戰鬥死了太
多人，鮮血染紅大地，才建廟祭祀。聽起來，這裡可不是什麼好地方
呀！不過，在日治時代，這裡卻是全集集最好的地方，有公園、神社、
日式高級住宅區等等。當然，這些建築群已不復存在，只能從老照片
裡去想像了。

樟腦出張所日式宿舍群，我在和陳爸告別後，在回旅舍的路上順道拜訪了這裡。這是集集鎮僅存較為完整的日式生活空間了

「那麼，今天就到這裡吧。」陳爸說。

「非常謝謝今天的導覽，真的收穫良多。」

「不客氣，下次來集集，記得來找我。」

「好的，一定。」目送陳爸離去的我，看著他的身影漸漸的消失在遠方。我們應該還有機會再見面吧。

水沙連古道：孤獨行軍

翌日清晨，離開投宿的旅舍，先搭火車前往集集支線的終點「車埕」寫生，這裡是我心中最接近鐵道小鎮的地方。中午，再搭回程火車來到「水里」，展開未完的旅程。我的計畫是依照佐藤春夫的路線，徒步前往日月潭水社。

水沙連古道

　　水沙連古道的登山口位於土地公鞍嶺半山腰的二坪仔，這裡的社區有著整齊畫一的公寓，悄然闃靜，一點聲響也沒有。我在白底紅字的「大觀冰店」招牌前轉彎，走了一小段路來到登山口。這時，天空壓著一層厚厚烏雲，看似隨時都有下雨的可能。帶著些許緊張，我和時間賽跑，希望能在午後雷陣雨落下之前完成這段山區的健行。

　　古道的前半段是陡峭的連續上坡，我沒命地趕路，捨不得停下腳步休息，體力很快就枯竭了。曾有一度站在步道與山坡的邊緣，感到肌肉能量的耗盡、心臟煞不住車的狂跳而產生短暫暈眩。儘管山區的溫度較平地低了兩、三度，汗水還是不斷湧出，連放在口袋裡的眼鏡也蒙上一層薄薄霧氣。

前往登山口的途中我經過了一座大橋，從這個角度看過去是鉅工發電場和二坪山，河流則是水里溪

　　這段充滿緊張與痛苦的健行，直到我抵達山頂的土地公廟後，方
告一段落。這座土地公廟雖已廢棄多年，但是對我的旅行卻有著特別
的意義。約莫百年前，就在同樣的位置，佐藤春夫也曾在此短暫停留。
我想，就在這一刻，我們之間的距離是這麼的接近。

　　從土地公廟起，一路都是平坦寬敞的下坡。天空依舊陰沉，但短

水沙連古道

山頂的土地公廟，是旅人們休息的中繼站，佐藤春夫曾在此處短暫停留

時間內應該不會下雨，這讓我的心情輕鬆不少。這時才發現這座獨自一人漫步的山林其實並不安靜，充滿了各種聲音。鳥叫，在一陣急促的連珠炮後成為了句號，戛然而止。蚊子，總是嗡嗡嗡親吻著我的耳邊。樹葉，在風的吹拂下窸窣的摩擦，就像一陣低語。還有各式各樣無從分辨的聲音。從上坡的急促到下坡的緩慢，我逐漸聽見了這個喧鬧的世界。既然不再趕路，可以好好的聊聊這條古道了。

　　根據學者們的考據（＊14），這條古道有著悠久歷史。它是什麼時候就存在了呢？已不可考。相傳在數百年前，由於遷徙、狩獵、貿易所需，生活在埔里、日月潭及鄰近地區的原住民們，逐步踏出了一條連結部落的山間小徑，這條小徑便是水沙連古道的前身。

　　自十九世紀初以降，隨著漢人移民大量進入山地，更加活絡了小徑的作用，使它成了進入日月潭與埔里的重要路線。移民們為了入山開墾土地，將小徑重新修築成便利的道路，成為開鑿水沙連古道的起

點。今天我所停留的那座土地公廟，也是在此時修建的，為的是祈求旅行平安。

讓我感到好奇的是，這條古道又是從何時開始沒落的呢？它的沒落始於日治時代現代交通工具的興起。一九一一年，由日月潭通往二水的輕便鐵道開通，人們開始乘坐較為舒適的人力台車進行移動。日月潭也在這個時候，漸漸成了旅遊勝地。

時序來到一九三〇年代，汽車進一步取代人力台車，成為前往日月潭的主要交通工具。現在，隨著山林開發與道路闢建，從前的水沙連古道僅剩今日我所走的這段路線了，這條曾經熱絡的古道隨著時代的進步，退出了歷史的舞台。

鄉間小道

離開水沙連古道後，迎面而來的是種植著香蕉樹與檳榔樹的農村景觀，我快速穿越該聚落，來到台二十一線公路。這條公路是今日人

日治時代往來日月潭的人力台車，曾是當地主要的交通工具，也推動了日月潭觀光的興起（自國立臺灣歷史博物館提供）

頂社聚落裡隨處可見紅磚古厝

們開車前往日月潭的主要幹道，它的前身是水沙連古道的一部分。

　　這段路程是無聊的，雙腿宛如齒輪般，規律卻不帶情感的運轉著。改變，在我從一個岔路轉進鄉間小道後才開始。新的路線雖會繞路，卻能看見更多的風景，我因此毫不猶豫地做下決定。

　　小道兩側不再是難以親近的山壁，而是翠綠的絲瓜田。飽滿的絲瓜吊掛在棚架上，茂密開闊的綠葉到處蔓生，黃花就開在綠葉裡。絲瓜田旁還有一大片的檳榔樹林。此外，周遭的聚落相當古老，房屋都是帶著紅色、米色與黑色基調的古厝。

　　一路上，除了在台二十一線往來奔馳的汽車外，行人並不多，進入這條鄉間小道後，連汽車也消失了。走在這條寂靜無聲的鄉間小道上，彷彿整個世界都空了下來。我是寂寞的旅人，還是孤獨的旅人？在這個空白的當下，連自己也分不清了。

頂社聚落裡的絲瓜田

月潭自行車道

　　鄉間小道前方是一連串的山丘,越過其中一座山頭,來到月潭自行車道。從樹叢縫隙看到了湖水,我想,那應該就是日月潭了。湖畔旁,兩艘廢棄小舟隨湖水的波動起浮,舟裡還有積水,飄著枯黃落葉。水很平靜,沉沉的綠色與周圍的山融為一體。

　　隨手拍了幾張照片,開始順著自行車道往旅行的終點前進。這段路程相當熱鬧,騎著腳踏車或散步的遊客不時擦肩而過,我也不再感到寂寞了。

　　在湖畔漫步,我想起了高中時每年學校舉行越野賽跑的往事。

　　這場被稱為「跑山」的競賽,是我們學校的特殊傳統。它的路程約五公里,前半段是連續上坡,後半段是連續下坡,終點是學校的操場。賽跑時,學生們潮水似的在山中流動,平凡的操場成了我們熱切

渴望的天堂。對領先的人而言，操場象徵著榮譽。對多數的人而言，象徵著疲憊與緊繃的終點。對最後一個抵達的人而言，象徵著對自己的肯定。不論如何，平凡的操場因為汗水有了新的意義。還記得，高一時，幾近虛脫、躺在紅色顆粒跑道上的我，第一次覺得，操場，真是個美麗的地方。

我想，跑山就像這趟旅行的縮影。唯有通過辛苦和努力所獲得的東西，才彌足珍貴，擁有無形的價值。風景，應該也不例外。

日月潭的湖景（月潭），經過長途跋涉後終於來到了日月潭

105

　　近岸的湖面上，點綴著往來划動的獨木舟。遙望對岸，隱約看見一棟白色與一棟紅色的建築緊貼山壁，聽路人說，那是涵碧樓。那裡也是我今日旅行的目的地——水社。

　　雨，醞釀了一整天，終於唏哩嘩啦的落了下來。

　　水社已近，可以看到座落在涵碧半島上大型旅館群的種種細節，它們的光芒在昏暗的雨中閃耀著，宛如置身澳門賭場。我的步伐越發沉重，而剩下的路程卻似乎永無止境。

　　當我終於抵達水社時，已是晚上。在深藍色天空的襯托下，絢麗的招牌輝映在濕漉漉的黑色地面，光線在空氣中恣意流淌，建構出一幅色彩繽紛的水彩雨景，是為了慶祝抵達終點而歡呼吧！

涵碧半島上的大型旅館群，在下著大雨的傍晚中，像燈塔般照耀著旅行的終點

坐落在日月潭畔的水社大山

日月潭：來自伊達邵的杵音

現在是早晨七點，溫度舒適，趁著多數人仍在睡夢中，我前往涵碧半島散步，悠哉的坐在湖畔大草坪上欣賞日月潭的湖光山色。巨大的水社大山聳立遠方，四周盡是連綿的山巒。幾艘遊艇點綴在平靜的湖面上，掀起細若髮絲的白色波瀾。一切都是這麼的安穩平靜。

佐藤春夫曾說日月潭是一片水的荒野（*15），對為情所困的他而言，感受到了寂寞的滋味。而我，卻有著截然不同的解讀。我想，風景是心境的延伸。我們所見的世界，都會因為心情而罩上不同的濾鏡。憂鬱的人看什麼都沉悶，快樂的人看什麼都美麗，至於腦袋空空的人，看什麼都像白開水，無滋無味。但對於剛經歷過辛苦行軍的我來說，體會到的是一份苦盡甘來的輕鬆感。

　　走到步道的終點，我順著階梯爬上半島山頂的旅館群，夾在現代高樓之中有一棟古樸的日式建築。它是建於一九一〇年代的武道館，原淹沒在荒煙漫草裡，且在九二一大地震時受損嚴重，後被修復做為陳列史料的「涵碧樓紀念館」，裡面詳細地介紹了日月潭地區的發展史，以及著名旅館涵碧樓的過去。短暫參觀，我回到漸漸熱鬧的水社街頭，在碼頭買了張三百元的船票，前往水社對岸的伊達邵。售票員說這張票可在一天內無限次搭乘往返於水社、玄光寺和伊達邵三地的遊艇。

　　遊艇緩緩駛離碼頭，不一會兒就將水社拋在身後。行船的同時，船員指東畫西地解說著湖面風景。我們經過了一座長著幾株樟樹的小島，船員說那是拉魯島，是邵族人的聖地，祖靈就在島上。就我觀察，雖說是島，它的尺寸卻很迷你，和公寓差不多。周圍浮著長草的平台，讓它在視覺上看起來大一點。

　　經過短暫航行，遊艇抵達位在水社大山山腳下的伊達邵。我之所以會來到這裡，仍是為了追尋佐藤春夫的腳步，找尋他曾看過的風

涵碧樓紀念館

坐在遊艇上回望涵碧半島上的涵碧樓（中間）

景。若將時序拉回到一百年前，乘船到伊達邵觀看邵族人富有異國情調風情的杵音表演是來到日月潭旅行的人們普遍安排的行程，它被寫入「旅行案內」裡，成為官方反覆宣傳的觀光意象。時至今日，邵族杵音表演依舊是觀光客來到日月潭觀看的風景之一。

我想知道，被人們所推崇的音樂是什麼樣的味道？在伊達邵投宿的青年旅館登記後，我前往逐鹿市集觀看杵音表演。

邵族與杵音

逐鹿市集的取名頗富巧思，它來自邵族起源的傳説。相傳在很久以前，一隊來自嘉義的二十四名獵人為了追逐「白鹿」，經過幾日夜的跋涉，來到水社大山。雖然失去獵物的蹤跡，卻意外發現了這座被群山環繞的美麗湖泊。肥沃的土地、豐富的魚蝦讓他們決定返回社內，説服族人移居此處，成為日月潭邵族的起源。

　　當我氣喘吁吁地趕上了演出，觀眾席卻空蕩蕩的，只有一個穿著拖鞋的小女孩笑嘻嘻地坐著。舞台上，主持人依舊敬業地介紹著。在第一場舞蹈「伊達邵之戀」開始後不久，才有旅行團的觀光客陸陸續續進來。

　　接下來的舞蹈才是今天表演的重頭戲——杵音舞。身穿黑、紅、白傳統服飾的邵族舞者們，拿著比自己還高的長杵入場，邊走邊砰砰砰地敲擊地板。就定位後，隨即腳踏著步伐，錯落的以杵搗地，敲打放在舞台上的石板，發出鏗鏗鏗清脆的鳴聲，中間穿插著高昂尖銳的呼喊聲，不斷在舞台上回響。隨著舞蹈的進行，舞者們一邊以杵搗地、一邊往舞台中央聚集，圍繞成一個圓圈不斷流轉，同時持續的以杵搗地，最後一個接一個搗著地離開舞台。

　　那些清脆的杵音在結束後，仍在我的腦海裡鳴叫著，拖著長長的餘韻。我想，如果在日月潭的湖面上聆聽這些杵音，應該會有更豐富的滋味吧。

邵族表演杵音舞的邵族舞者

邵族舞者的打擊樂表演

湖中的小島是邵族的聖地「拉魯島」。當年湖面上升後，僅剩一小部分露出水面

　　除了欣賞演出，我還對一件事感興趣。邵族歌舞的觀光化是如何
發展成現在的面貌？我想，或許可從日治時代的一連串事件談起。當
時，日月潭逐漸成為熱門的旅遊勝地，邵族的傳統文化在殖民政府的
宣傳下，成了遊客們觀看的重點。再者，水力發電場興建後，日月潭
湖水上升，淹沒不少邵族的聚落和耕地，漁獵活動也受到限制，使得
他們被迫集中搬遷至伊達邵定居。這些都對邵族人的生活產生了極深
遠的影響。除了努力維持農耕、漁獵等傳統生活方式外，也開始以舞
娛樂觀光客賺取酬勞。

　　觀光化的影響到了戰後更形劇烈。大量漢人湧入伊達邵，僅存的
耕地也被政府收回，邵族人只好順應大環境，全面投入觀光行業。時
代巨輪滾動著，成就了今日所看到的樣貌。

午後寧靜的伊達邵部落

午後的大雨

　　今天還會下雨嗎？陰沉的天空讓我沒有把握。

　　守護著伊達邵的水社大山是我想要到訪的地方。這座大山在邵族的古老傳說中被譽為聖山，是環繞日月潭山岳中的最高峰，擁有俯瞰日月潭全景的絕佳視野。帶著期待，跟著指標來到了一座位於市鎮外圍、緊鄰山坡的安靜社區。水社大山的登山口就在這座社區裡。

　　社區入口立著寫有「伊達邵」字樣的紅色柱子，裡面只有一條約百公尺長的筆直馬路，低矮的組合屋在路的兩側展開。這裡安靜得出奇，透著一股懶洋洋的氛圍，和碼頭附近的熱鬧景象天差地別。在這個潮濕悶熱的午後，連原本該對陌生人咆哮的小狗也無精打采地趴著，完全喪失了吼叫的欲望。組合屋的牆上畫有邵族傳統的生活圖像，走到路的盡頭處，便是水社大山的登山口。

　　照原本計畫，我應該要順利展開接下來的登山行程。不過，因受到連續不停的大雨影響，登山步道封閉，讓我一時間愣在當場。在黃色的封鎖線前掙扎許久，最終還是決定放棄，看來是與俯瞰日月潭全景這個小小的願望無緣了。我想，唯一的收穫是發現了這座安靜小巧的社區吧。後來才知道，這裡竟是最後一個保存完整的邵族部落。

　　因為未能登上水社大山，我改成走環湖公路來到玄奘寺，再通過青龍山步道抵達玄光寺碼頭，最後搭遊艇返回伊達邵的計畫。散步時，前方來了位同樣步行的外國旅人，我們短暫交會，微笑著打了照面後，往各自的方向繼續前進。這段路程是單調無聊的，茂密的枝葉擋住了湖畔風景，唯一有印象的畫面，是勉強從樹叢縫隙望見了今早搭船經過的拉魯島。

　　在青龍山步道時，雨不意外的開始落下，雖然細微得被人忽視，卻讓氣溫忽然間涼了起來。步道被樹林緊緊包圍，四周生長著茂密的樹林與細長的檳榔樹，同樣看不見湖景。大約走了幾十分鐘，我來到步道終點的玄光寺。這裡的觀光氣息濃厚，寺廟旁有攤販聚集，遊客如織，刻有日月潭的大石頭前排了等待合照的人龍。

　　天色越發昏暗，一股陰沉感席捲而來，雨勢也隨之變大，唏

前往玄光寺碼頭的青龍山步道

哩嘩啦的打得人們毫無招架之力。雨傘被紛紛撐起，開始往碼頭的方
向緩緩流動，像極了一條彩色的河流。

　　倉皇逃到碼頭旁的涼亭躲雨，身子已濕了一半。滂沱大雨下，身
穿邵族服飾的樂團從容的在棚子下演奏流行音樂，阿婆茶葉蛋的攤販
依舊忙碌，只是眼前的湖景已完全被籠罩在雨霧裡了，變得模糊不
清。大約等了十多分鐘，終於看見我要搭乘的遊艇，身旁的陸客也指
著它喊著。

　　當我回到投宿的青年旅館時，已是下午四點。

在玄光寺碼頭撐傘等待船班的遊客們

　　隔天，是個陽光奪目的大晴天。乘船回到水社，坐九點半的公車下山，僅二十分鐘即抵達水里，接著搭集集支線前往二水，再轉乘區間車南下，下午兩點就回到了台南。坐車的時候，看了氣象預報，上面寫著：

　　「近期影響中南部兩週的西南風終於要告一段落了。中南部的朋友們都可以逐漸感到不下雨的時間變得越來越長，這代表水氣正在減少，天氣會一天比一天好，不過山區仍會有午後雷陣雨，請大家多加注意」。

第五站

能高越嶺道

|||||||| 與山的相遇 ||||||||

早晨的廬山部落

┃與山的相遇┃

初登百岳

日月潭之旅結束一個月後,我繼續追隨佐藤春夫的路線,前往能高越嶺道健行。這次的台灣百岳初體驗有M君與昆宏兩位友人同行,不過他們稍晚才會出發,只有我一個人先開車前往廬山部落,等待隔日的健行。

車子飛快的在巨大的水沙連高速公路上疾行。這條灰色公路是蜿蜒的大蛇,躺在河谷裡,通往山地。它的兩側是連綿的山巒,底下是河流、農田與房舍,高壓電塔隨著山的節奏起伏。四通八達的公路交通網,讓這座島嶼不再有重重阻隔。利用週末離開城市,帶著家人到

某個森林樂園遊憩，或前往山地健行，暫時逃離平日煩悶的生活，已成為人們習以為常的休閒活動。

我相信每一種生活方式都有其起源，就像循著自然法則演化至今的生命，每次小改變終會累加成嶄新的形態，這次的登山健行也不例外。台灣山地經歷了一百多年變遷，從只有探險者冒著生命危險才得以進入的封閉地帶，演化成今日任何人都可以輕鬆抵達的旅遊景點。從探險到觀光，如同海浪拍打岩石，激起故事的浪花。

車子離開高速公路後，轉進通往廬山的台十四線。路途的前半段，地勢平緩，道路兩旁排列著種植蔬果的白色網室，另外還有栽培松柏的植物園、種植稻米的水田及香蕉園等。眉溪和公路比肩而行，涓涓溪流在灰色河床上蜿蜒。群山像畫著綠色森林的屏風，濃厚的霧氣飄浮其中，遠遠的注視著我。

不久，駛進了曲折的山路，繞過一個又一個的髮夾彎，坡度越來越陡，引擎發出吃力的低鳴，剛剛才經過的河谷一下子便距離遙遠。夜幕時分，終於來到廬山部落。十點左右，M君與昆宏兩人也平安抵達。

夜晚，沉沉的籠罩在群山之中，現在只剩下明天的健行了。

廬山部落的早晨

早晨六點四十分，耀眼的陽光灑落在廬山部落唯一的早餐店，空氣透著溫暖。老闆正忙碌地應付不斷湧入的客人，除了要去登山的我們這些平地人，還有背著大書包的小學生、青春稚嫩的國中生，他們全是部落的孩子。聽來收住宿費的小姐說，最近因能高越嶺道重新開放，登山客又回來了，加上今天是週六補課，所以早餐店才這麼熱鬧。

這間部落早餐店雖不起眼，菜單品項卻不比一般的連鎖早餐店來得少，漢堡、蛋餅、土司、煎餃、薯餅、炒麵、饅頭等一應俱全，晚上還兼賣鹽酥雞、雞排等點心。這讓我們雖置身山中部落，仍能享受城市的味道。

　　早餐後，我們共乘一部車出發。車子隨山而搖擺，不一會兒，已將盧山部落拋到後方山頭，回頭遠眺，只剩部落教堂的尖頂仍清晰可見。路程有些顛簸，還好不到半個小時的車程，就來到了屯原登山口。將車子停妥，穿好登山裝備，我們在藍天白雲下展開健行。

啟程

　　離屯原登山口不遠處是巨大的坍方，路上滿是破碎石，有大有小，在烈日照耀下反射著閃閃白點。而坍塌的斜坡上，石塊彼此堆砌，宛如灰色瀑布。我們所走的步道像是懸掛在瀑布上的便橋，雖不致脆弱到讓人擔心，但仍得小心謹慎地快速通過。

　　從網路上的零星遊記發現，屯原登山口曾是一片翠綠風景，登山客們通過吊橋進入能高越嶺道。然而，二〇〇五年的大山崩改變了原有地貌，不僅吊橋消失了，路基也被沖毀。今日所走的路徑，是後來重新整理的高繞路線。

　　山崩有很多原因，比方説颱風誘發的豪大雨、地震造成地質鬆動、山的坡度、岩石性質、人為的不當開發等等。其中，能高越嶺道的山崩或許和九二一大地震有關，再加上氣候暖化效應，雨季與颱風夾帶的雨量變得更多，山崩因而越發嚴重。

　　每當豪雨來襲，能高越嶺道常緊急封閉，深怕坍方會進一步擴大。拿今年來説，受到前陣子連續大雨和颱風影響，能高越嶺道從五月封閉至九月，讓我對這次的登山能否成行慌慌不安。

　　坍方的山坡上，在死亡的地域裡，依舊能見到生命力強韌的小草為生存進行艱苦的搏鬥，或許有天能再度恢復成綠意盎然的模樣吧！

　　離開坍方密集的區域，優美的森林映入眼簾。陽光斜射，穿透茂密的樹葉，在地面上變幻成各種形狀的光斑。沿途常見小溪澗穿流而過，跨越不少橋梁，還見到宛如鳥居般的台電輸電電塔。

　　這些電塔的存在正述説著歷史。將時間回撥到七十多年前，二戰剛結束，這條美麗的道路到處都是坍塌的落石、叢生的雜草掩沒了路

CW.R
2019.11.24

屯原登山口附近坍方的灰色風景

在陽光明媚的能高越嶺道健行

行走於吊橋上的登山客

徑。直到一九五〇年「東西向輸電計畫」啟動，做為用於電塔建設與
維護的保線道路，能高越嶺道才被修復，並得到妥善維護。

　　回望這條道路發展的曲折。從遠古時代賽德克族的獵徑，到日治
時代控制山林的警備步道，到戰後東電西送的保線道路，再到今日的
觀光登山步道。能高越嶺道的長度因為公路的擴建，已從當年佐藤春
夫到訪時的八十五公里，縮減至今日的二十七公里。「山永遠都在，
但路卻會改變。」展開步伐向前邁進的我，在心中默想著這段話。

位於能高越嶺道的電塔，標誌著戰後這條步道得以修復的契機

騎著野狼機車的天池
廚房員工

人在途中

　　走在步道上，讓我印象深刻的除了美麗的山岳，還有不時出現在耳邊轟隆的引擎聲。載著貨物的野狼機車在路上奔馳，輪胎輾過地面，揚起陣陣塵土。他們是運送物資的協作團隊「天池廚房」，負責將食物、睡袋、帳篷等物資運送到天池山莊，供登山客們使用。

　　我們在約四公里處順道攀登了尾上山，這是座沒有風景的山頭，會特別到訪，其實也只是為了滿足征服欲罷了，也因如此，較原先預計還多一小時的時間才抵達這趟旅程的中途休息點——雲海保線所。

　　來到雲海保線所時，已有不少人在鋪著白色石子的小廣場休息了，有人坐著打盹、有人正在喝水、或是用瓦斯爐煮著泡麵等。這裡還有網路，可以連線到外界檢查訊息或上傳照片。休息近半個多鐘頭，體力得到補充後，繼續接下來的行程。

　　起初是一段下坡路，但很快遇到從登山口以來的第二條高繞路線。這條路線的上坡特別漫長，光是看著，就足以澆熄想要輕鬆走完能高越嶺道的期待了。我想，休息後去攀爬上坡並不會比較輕鬆。身體是補足了體力，但心理上積累的能量卻早已消散，讓我一時間萌生出倦怠與逃避的心情。不過，我還是必須前進。緊握登山杖，邁開規律的步伐，讓腳步與呼吸的節奏漸趨一致，緩慢向上爬行。

　　離開高繞路線，很快就能見到能高越嶺道西段最壯觀的雲海大崩壁，這處恐怖的坍方逐年擴大，已快逼近稜線，至少有兩百公尺的範圍，破碎的岩石往山下流動到極遠的位置。在大崩壁巨大的身影下，道路是細瘦而脆弱的長線，步行其上的人

雲海保線所

們也只是點綴的小筆觸而已。膽戰心驚的通過了雲海大崩壁，接下來
很少坍方，一路順暢。

在佐藤春夫留下的旅行見聞裡提到了一座森林。帶著鹿肉的獵人
們曾在這片森林裡彼此呼喊，排解寂寞。這段插曲帶給他深刻感觸，
他想著：「所謂文學，不就是人生行路的山林之間，在寂寞之餘呼求
同類的番人叫聲嗎？」(*16)

茂密的樹林，樹枝如人的思緒般起舞，讓我想起了佐藤春夫曾在森林裡的感觸

佐藤春夫筆下的森林在哪裡呢？我在某段的路程中，找到了最貼近心中關於森林想像的風景。在那片風景裡，地上鋪滿細如髮絲的紅色枯葉，四周被造型多變的林木圍繞，這些畫面鋪陳出一個渲染著綠色與紅色的景觀。

或許，只要心境對了，風景就會自然而然地出現。

我靜靜地走路、靜靜地思考，在心中空出一片肥沃的土壤，進入與自我對話的孤獨狀態裡。為什麼想畫畫？為什麼想出書？十年後、二十年後的我又會變成什麼樣子？一場心靈的旅行正同步的進行著。我想，所謂繪畫，也是因為寂寞，而在人生的山林裡呼喊的聲音吧！

抵達天池山莊

天，是藍色的。山，也是藍色的。不知不覺間，已離開林木茂密的地帶，步道的一側面向廣袤的空間，遼闊，不言而喻。群山在白色的雲海裡若隱若現，雖然遙遠，但伸手可及。M君說：「中間有凹洞的山叫卡賀爾山，至於那座呈現完美三角形的最高峰，便是能高山。可惜被雲海遮住了，沒辦法看見全貌。」真希望雲海能變得薄些，這樣能高山才能看得更清楚些。

瞭望廣闊山巒，我想起了曾經問過M君和昆宏的一個問題，「為什麼你們喜歡登山？」時至今日，越來越多人進入山地，登山究竟有何魔力？就我個人的想法，來到山岳讓我們得以脫離平日一成不變的軌跡，轉換成另一種生活方式，體驗旅行的滋味。或許這就是人們愛上登山的原因。

在雲海中若隱若現的能高山

M君指著遠方說：「你們看，今天的目的地天池山莊快

遠眺坐落於山脈上的天池山莊

要到了，它就在那裡！」果然，一棟大房子坐落在對面山坡的樹林間，應該就是天池山莊了。

　　步行約十多分鐘，來到著名的能高瀑布。這座瀑布海拔約兩千八百公尺，是台灣海拔最高的瀑布之一，由於瀑布分三層由巍峨的高山落下，又被稱為三疊瀑布。每年夏、秋兩季雨量豐沛，上游水源地的岩石吸飽了水分，為瀑布帶來充沛水量，形成奔騰的壯闊景觀。

　　前方有座瘦長吊橋，走到搖搖晃晃的橋中央，可以更加仔細地觀察能高瀑布。或許是季節不對，水量不大，但由於瀑布是從山頂往下

全台灣最高級的山屋——天池山莊

墜的關係，還是能感受到一股磅礡氣勢。

　　通過吊橋後，是最後一段艱苦的攀爬，我的汗水傾洩而下。雙腳發抖又沉重，呼吸窘迫，只能倚靠手中的登山杖，一步步前進。直到抵達最高點，一切疲憊終於宣告結束。我們很快地走完剩下的距離，來到一片開闊的空地，此時不少登山客已經坐在地上休息，空地旁的檜木棕色兩層山屋，便是天池山莊了。

　　直到此時，我才感受到真正的放鬆。

天池山莊旁的帳篷群，沒抽中山屋的登山客也可以選擇在外露營

星空下的長鏈

我不確定自己是否已經睡著，或許是處於一種彌留的狀態，只是覺得時間過得飛快，卻又能感知周遭的動靜。譬如說，有人爬起來向朋友要了顆安眠藥、有人在我的旁邊窸窸窣窣地攤開睡袋、有的人正規律地發出鼾聲等等。

我不斷翻身，混亂的思緒翻箱倒櫃般，把幻想的、記憶的、當下的各種事物撒落一地。可能是因為今晚太早睡（八點）才睡不著。不論如何，盡量讓身體放鬆，迎接隔天的行程才是最重要的。恍惚間，身旁發出了窸窸窣窣的聲音，此起彼落，然後越來越多，直到整個房間都動起來為止。

睜開眼睛查看手表，是凌晨兩點，該準備出發了。所有人都在整理睡袋和背包，頭燈的白光四處飄移。

夜登奇萊南峰

凌晨兩點半左右，廚房端來早餐，半小時後人們完成著裝準備出發，展開奇萊南峰的夜晚攀登，目的是在太陽升起前攻上山頂，迎接日出。原本應是寂靜與黑暗籠罩的深山，在旺盛的人氣下，反而如嘉年華般熱鬧。

我們跟著人群在黑夜裡行走，先走到天池，再由那裡轉去奇萊南峰攻頂。前往天池的路徑是較為平坦的半原始階梯，需要五十多分鐘的腳程。人們排成一列行走在樹林間，感受不到風，但無人說話，細微的喘氣聲輕輕拍打著鼓膜。

走完階梯，來到山頂平台，這裡已無樹木生長，植被替換成一大片的矮箭竹草原，高度不高，大約略來到腰部以上一點點的位置，M君提醒說：「這些矮箭竹的葉子凝結了露水，通過時常會把衣服弄濕，還好，前面已有一長串的人龍，早幫我們把露水給清掃乾淨了。」

途中行經一個沈浸在黑暗裡的水池，應該就是天池了。讓我意外的是，沒想到水池旁竟有人紮營，三個白色的帳篷掛著發出黃光的

速寫能高越嶺道上的登山客百態

LED 燈,有種如夢似幻的氛圍。在今晚登山的人們來到這裡之前,唯有黑暗與寂靜伴隨著它們,天池與帳篷成了顆小小的星球。難怪人們在內心深處,或多或少都對野外露營有種嚮往的存在。

行走間,往某個方向眺望,能清楚看見遠方正在暈染著橘色光芒的城市,隱約聽到前方的聲音,說那是花蓮。抬頭仰望,視野則純粹的只剩下群星,閃閃生輝。若是往向前方看去,似乎還能辨識出在深藍色夜空中若隱若現的山形。白色亮點排列成鋸齒狀,連結為一條細細長鏈,將黑色的山圍繞。我想,再過不久,自己也會成為長鏈裡的一顆星星。

路，非常難走。

　　我指的是由天池下降至鞍部開始，直到登上奇萊南峰山頂的這段路徑。我必須仔細打量自己踏出的每一步，確認踩點，並且活用手邊的登山杖，才能在寒風中慢慢的向上推進。在這樣不間斷的移動中，可以感覺到，整座山都在流汗。

　　攀岩運動持續了一個小時，大夥兒幾乎是在筋疲力竭的狀態下來到山頂旁的背風面，這裡已有不少人坐著休息，每個人都在等待快到日出時再去攻頂。我們於是也找了一處空地休息。

　　五點十七分，旭日從雲海裡湧現。遠方濃烈的金黃色緩緩渲染過

來，像是一張色彩漸變的畫紙，當變化傳到奇萊南峰時，已將深藍色的天空轉化成淺紫色。又過了幾分鐘，淺紫色消失，天空已被完全替換為黃橘色及淺藍色的結合體了。

五點三十分，展開攻頂，僅一分鐘就登上巔峰，然而我卻被冰冷的強風，吹得直發哆嗦。我忘了戴手套，以致手指一直處於快被剝落的刺痛感之下。回望沐浴在晨光中的矮箭竹草原，它的向光面在光線的照耀下，形成一片綠色的波浪，從山頂連綿而下。此時，山下仍有人在努力地攀爬。

五點四十分，山頂頓起大霧，遮蔽了視線。我們循原路下山。

把山留在那裡

霧氣時現時散，在某段空檔裡，視野極佳，可以看到昨晚走過的路徑，森林零散的分布在以矮箭竹草原為主體的山巒間，能清晰地判斷出哪裡是迎風面、哪裡是背風面（樹林生長於背風面）。

奇萊南峰的風景

坐落在矮箭竹草原中的天池

　　我們很快地回昨晚經過的天池與營地，我終於能好好觀看天池的景色了。恰如其名，天池只是一座高山上的小水池，雖然沒有溪流注入，但是靠著山區降雨，仍可維持終年不涸。不過，現在似乎是乾季，池水的面積大幅縮減。

　　天池對能高越嶺道來說有著特殊的意義，日治時代，這裡曾是台灣東部和西部兩地郵件交換工作的地點。那時天池旁建有約一坪大的小木屋，東西兩地事先聯絡好交換時間，再由郵遞員分別將花蓮與台中、南投一帶的信件公文背送上山，來到天池進行交換。

　　沿途經過警察駐在所的郵遞員可以幫忙帶點東西、收受家書或講述見聞，對常年駐紮在深山的日本警察而言，他們的到來排解了苦悶的生活。當年曾有郵遞員殉職，因此在天池旁建了座忠勤碑以資紀念。

　　現在來到天池，小木屋與忠勤碑已不在，徒留建築痕跡、池水和一望無際的矮箭竹草原。稍作休息，接著爬南華山，這趟行程在大霧與強風中進行，雖然成功登頂，卻看不到任何風景。

　　早上的行程結束了，我們回到天池山莊整理行囊。上午十一點，循原路返回屯原登山口。一路的下坡雖不耗費體力，卻對膝蓋與小腿肌肉帶來考驗，在鋪滿落葉的大道上，因害怕滑倒而不敢走得太快，必須不斷煞車。雖是下坡路，卻一點也沒有輕鬆的感覺。

　　當我們拖著疲憊的身軀抵達屯原登山口時，已是下午四點。車子沿蜿蜒的公路下山，回望逐漸遠去的風景，我想起了作家劉宸君寫下的一段話：

能高越嶺道.台灣
C.W. Lin
2020.1.18

　　當然人是不可能「把山留在那裡的」，因為山「本來就在那裡」。人如果望向渴望到達的地方、只差一步就可以抵達的所在、來時的路徑，離開時都會隱隱約約覺得自己「把某地留在某處」。（*17）

　　對我來說，我把未能如願看見全貌的能高山、美麗的能高越嶺道，還有佐藤春夫記憶留在了那裡。

第六站
鹿港
‖‖‖‖‖‖‖ 小鎮對話之旅 ‖‖‖‖‖‖‖

夜裡的盛豐吧

┃小鎮對話之旅┃

小鎮的那一夜

深夜十點三十分的鹿港小鎮，小酒館「勝豐吧」熱鬧依舊，客人
們喝酒聊天，笑聲、交談聲此起彼落。我，就坐在吧檯位置，桌上放
了一盤配酒炸物，喝著老闆許君推薦的三劍客啤酒花香金啤酒，十一

度的酒精，讓我滿臉通紅。

　　夜裡的勝豐吧和我第一次來時的感覺很不一樣。那時是下午四點多，店內空蕩蕩，幾乎沒什麼客人。我就是在那時認識了許君。對這間店的了解，只知道勝豐吧曾是米業「許勝豐行」的倉庫，是許君家族的房子。幾年前，許君將倉庫整理成酒吧，二樓則做為「鹿港囝仔」這個在地文化團體的工作室，定期會在店裡舉辦講座等。

　　忙得差不多，許君拉了張椅子坐到我旁邊，問：「這次來鹿港有什麼計畫嗎？」

　　「其實這次是為了找尋佐藤春夫的足跡，而特別來鹿港的。另一方面，也想挖掘不一樣的鹿港。」我回答。

　　「聽起來很不錯，或許你可以和鹿港囝仔的夥伴們多聊聊這個問題。這是群由鹿港青年所組成的團體，致

正專注沖泡咖啡的許君

許君阿嬤（左）和姑姑的合照老照片，背後是鹿港傳統的木板街屋（許鉅輝提供）

力推廣在地文化，讓鹿港的觀光變得更有深度。」許君說。

　　我們順著話題聊到鹿港老街的現況，此時許君給我看了張老照片，他說鹿港老街裡的街屋正面原都是由可拆卸的木板組成，做生意時將其卸下，休息時再裝回，是鹿港相當傳統的建築語言，可惜老屋在翻修後，全被修改成別的風格。對於鹿港文化的小細節，許君知之甚深。

鹿港的巷弄風景

　　許君的解說給了我靈感。或許，旅行與反思可以成為此次行程的主軸，而他所提到的鹿港老街會是我特別想到訪的地方。

　　時至今日，走進老街的觀光模式正蓬勃發展，似乎在台灣各角落，都能找到一條吸引人潮的老街，建構出我們熟悉的觀光印象。

　　那麼，老街觀光又是如何出現的呢？我想，最主要的原因來自於，解嚴後做為一種文化尋根，台灣社會對於昔日的集體記憶與生活方式產生了強烈渴望。在這麼一個懷舊的社會氛圍下，老街做為展示懷舊空間的重要舞台，也就順勢成為了政府推動觀光發展的主角。

　　我和許君繼續聊著，忘了時間，當我回到民宿休息的時候，已是凌晨兩點。

巷弄裡的老宅踏查

隔天，我再度回到勝豐吧。太陽照耀下的這幢老屋，似乎還處在宿醉狀態。

這次鹿港之旅的第一個行程，是到訪當年曾帶著佐藤春夫暢遊鹿港的嚮導許文葵故居「頤園」。這間宅邸就位於勝豐吧附近的景福巷內，然而這條巷道並不在 Google 地圖裡，必須自己找尋才行。

我在一株雞蛋花旁，發現了景福巷的門牌，順著前方路徑深入巷弄。這條狹窄的巷道緊貼一堵約四公尺高的紅磚牆，牆後有株高大榕樹，氣鬚暢旺，茂密的枝葉將此處遮蔽為陰涼隧道。隧道之後，是讓人措手不及的明亮開闊小空間，白色地面在烈日覆蓋下，更顯刺眼。接著走，又進入了充滿綠蔭的巷道。我就這樣繞呀繞的，來到了一處隱密死巷。

在巷弄裡遇見的車伕，正解說著鹿港歷史

意外發現的老宅：承慶堂

在這處隱密的死巷裡，坐落著一幢古樸老屋「承慶堂」，是意外發現的驚喜。它的布局特殊，由一棟兩層樓的洋房、圍牆與巨大紅磚建築組合而成，遠望就像一座迷你堡壘。大門是藍色的，門楣上的刻字浮雕也殘存著淡淡的藍。鹿港小鎮裡隨處可見的紅磚建築帶給人深刻印象，因為如此，承慶堂有著濃濃的鹿港味。

大門被鎖了起來，我為一睹承慶堂的完整面貌，踏在水泥磚上，盡其所能的拉長脖子，才勉強高過圍牆，看見洋房的細節。一樓是紅磚牆面，二樓則是洗石子牆面，立面還有漂亮的浮雕裝飾。

我想，這棟老房子應該已無人居住。然而，門外卻貼著色彩鮮豔的春聯，再者，雖有綠色植被自建築縫隙、或是漆黑的窗戶裡竄出，

承慶堂，可以看見巨大的紅磚建築擋在洋樓前面

但是，整棟房子看起來整潔乾淨，且無垃圾堆積，應該是有人固定會
來打理吧。

不過，緊鄰承慶堂的一棟附屬建築卻已經完全荒廢了。庭院被高
度及腰的茂密雜草覆蓋，以致連落腳的路徑都看不見。進入查看，空
無一物，僅剩紅磚牆矗立著。

踏查時，有位老人蹲坐在背後注視著我，但沒有要深談的意思，
只是默默地看著。我離開死巷，繼續找尋頤園。

消失的老宅：頤園

我在一間土地公廟旁的巷弄裡找到了頤園。

頤園的外觀是一道紅磚牆面，門樓的白色石板有頤園二字的浮
雕，但圍牆內的建築卻已被拆得乾乾淨淨，潮水般茂密的雜草淹沒了

已經雜草蔓生的頤園，建築物都被拆除了

所有痕跡。巷弄裡尚有幾間古厝，屋頂全破了大洞，雖沒被拆除卻也荒廢多年，正走在死亡的路上。

　　頤園是在二○一七年被拆除的，當時還在媒體上留下相關報導。不過，關於頤園被拆這件事，在這次的鹿港行結束後幾星期，我再次拜訪鹿港，才與許君有進一步的討論。

　　「對於頤園被拆這件事，你有什麼想法呢？」我問許君。
　　「這個真的很難說，頤園沒有文化資產的資格，對於它的拆除，

頤園僅存的紅磚牆

頤園附近，屋頂破了大洞的廢棄古厝

我其實沒有立場多說什麼。頤園是許文葵家族的花園別墅,它在拆除前,已經改建,不過改得還挺精采的,幾乎將一間被拆除的小學教室裡的物件全移置到老建築上。儘管如此,頤園還是有其歷史意義。」

那天下午,我們從頤園被拆,談到了鹿港老屋的現況。許君從鹿港人就業的角度出發,他認為鹿港並不是一個鄉間小鎮,而是區域性的都市,周圍有彰濱工業區、福興工業區、全興工業區及工業區裡眾多的中小企業。這些企業構成了鹿港人的就業主力,對於一個有經濟活力的城市而言,不動產的買賣與房屋拆遷其實是相當正常的。

就在我們討論到一半的時候,戶外下起了一場大雷雨,此時店門被推開了,一位年輕女生走了進來。她稍微抖掉雨傘上的水珠,把雨傘收合起來,靠在店門外的牆上。她先找了吧檯的座位,放下背包後,許君才開始向她介紹啤酒的口味。她選了其中一種,又加點了一盤薯條。

「剛才沒淋濕吧。」許君問道。

「還好還好,快到店裡的時候雨才下了起來。」

「對了,妳是遊客嗎?」

「不是喔,我是在地人,剛剛下班,看到這裡有一間酒吧,就走進來了。」年輕女生看起來一派輕鬆的樣子。

「在市區工作嗎?」

「沒有啦,我在附近的彰濱工業區上班,公司做車燈的,今天是週日加班。」

許君的嘴角微微上揚,似乎在驕傲的表示「你看,我說吧」。後來那個年輕女生和我們有一搭沒一搭地聊了起來,對勝豐吧頗為好奇。我想,她應該是個下次還會再回來的客人吧。

再回到我和許君的討論。我好奇老屋被拆的原因,實在想不透為何有人會想把這些漂亮的房子拆掉?許君認為老屋的拆除其實是為了土地買賣,買方通常會要求賣方先拆除老屋,以免被提報為文化資產而影響交易。土地買賣有時是觀光的需求、有時只是正常的都市更新。當初頤園的拆除,應該也是土地交易的結果。

豪華壯觀的辜家大宅，今鹿港民俗文物館

　　想到老屋就這麼悄無聲息地被拆除，讓人感到遺憾，難道就真的
無法可想嗎？許君說，我們能做的，除了在網路上發聲宣傳理念外，
就只剩下向文化局提報老屋的文化資產資格這個手段了，至少老屋在
審定期間就有可能被列為暫定古蹟而受到保護。如果幸運的通過審
定，就能成為歷史建築或縣定古蹟等等。

「提報老屋的文資資格需要屋主同意嗎？」我突然想到了這個問題。

「老實說，根據法規是不需要屋主同意的，每個人都有資格提報，只要你有辦法證明老屋的歷史意義。」

「可是，不怕得罪屋主嗎？」

「當然會得罪屋主呀！不過，還是有人會硬著頭皮去做吧！」許君的無奈溢於言表。

在台灣，歷史記憶的保存和城市發展間的衝突總是不斷上演。追根究柢還是在於人們對自己生活的故鄉在文化認同上有著明顯斷層，以致對歷史記憶的保存漠不關心，宛若罹患了集體的文化失憶症。今日的文化環境下，我們還有很長的一段路要走。

不見天拆除後，改建的現代藝術裝飾風格立面建築，今中山路

現在，再把時序退回鹿港行的當天上午。離開頤園，景福巷的巷尾是雄偉壯觀的鹿港民俗文物館。附近還有一棟丁家古厝可供參觀，穿過這棟瘦長建築，我來到了鹿港最熱鬧的大道——中山路。

一座城市的新陳代謝

真正的鹿港古鎮，大略是沿著中山路兩側所展開的街區。清代時期，中山路已是鹿港的商業中心。最為特殊的風景是名聞全島的「不見天」，這條大道曾設有開天窗的亭蓋遮篷，形成可遮風避雨的室內空間。這樣特殊的景觀曾讓鹿港詩人洪棄生寫下

拆除前的不見天老照片（鹿港鎮公所提供）

「樓閣萬象，街衢對峙，有亭翼然，<u>互</u>二、三里，直如弦，平如砥，暑行不汗身，雨行不濡履」（*18）。

幾年前鹿港鎮公所倉庫出土了一批塵封在保險箱裡的老照片，從這批珍貴的影像紀錄，我得以一窺一九三三年不見天拆除前後的現場。當年的市區改正將原本僅四尺寬的街道拓寬為十五尺的露天大路，街屋立面全都改建為「現代藝術裝飾風格」。這些立面大多保存良好，走在今日的中山路上仍隨處可見。

轉進一個與中山路交會的狹窄巷弄，來到鹿港著名的九曲巷，蜿蜒曲折的巷道是清代居民為抵禦盜匪和九降風所做的特殊設計。漫步其中，磚紅色的傳統建築、帶點陳舊痕跡的瓦片、手感粗糙的白牆、偶然巧遇的香蕉樹、從木門內傳來的細微話語，都讓九曲巷的風景充滿生活層次的美感。

九曲巷的紅色城市風景

自九曲巷出來後，是以現代建築景觀為主的灰色系街道。我一路走到公有市場，再轉進新舊建築交替的大有街。這裡有一間傳統的鹿港街屋，立面由可拆卸的木板組成，與許君描述的完全一樣。

邊走邊思考。在鹿港，儘管現代建築已占據主導地位，但是只要走進巷弄，為數眾多的紅磚老屋依舊隨處可見。它們有的受到屋主自發的維護、有的成為旅遊景點而被保存下來，當然也有的正逐漸消失成為空地，然後再被改建，如同舊細胞被新細胞更替一樣。走在巷弄間的我，正觀察著一座城市的新陳代謝。

鹿港老街觀察記

離開大有街後，來到了人潮聚集的鹿港老街。這裡是鹿港觀光最核心的區域，保存完整的老屋建築群營造出一種時空錯置的氛圍，隨處可見的磚紅色更是構成了視覺上的主旋律，每年吸引無數遊客到訪。

　　鹿港老街是如何發展成今日樣貌呢？我想，這是一段漫長的故事。在清代，鹿港曾是僅次於台南的第二大港都，後由於港口淤塞、航線中斷，再加上沒有縱貫鐵路經過之故，漸漸沒落。在缺乏發展的的有利條件，意外的保留了豐厚的文化遺產。七〇年代，鄉土意識覺醒，鹿港人開始自覺地進行歷史文物與古蹟的保存運動。其中最重要的成果，便是「鹿港古蹟保存區」的設置，在這個計畫的推動下，政府對老屋進行修復，構成了鹿港老街風景的基礎。最後，則是觀光浪潮的湧現。九〇年代末，因週休二日的出現，島內旅遊風氣日漸盛行，鹿港老街的觀光化隨之開啟，每年有越來越多的遊客湧入這條寧靜街

大有街的施進益古厝是鹿港典型的木板街屋

道，二十多年來，造就了今日我們熟悉的熱鬧景象。

隨著簇擁的人群在老街漫步，店家把商品擺在門外，攤販也在牆邊撐起遮陽傘做生意。我想，觀光化之後，鹿港老街已轉型為以販賣歷史記憶等文化商品為主的消費市街了。夾在熱鬧的商舖之中，我對一個和周遭氛圍格格不入的風景印象深刻，那是棟圍牆頗高、牆上貼著「半邊井」的漂亮紅磚洋樓，老建築沒未對外開放，是鹿港老街裡少見的居住空間。

無可否認的，鹿港老街的紅磚老屋帶給人一種走進歷史的錯覺，若要說美中不足的地方，是在部分區域，遮陽棚、餐車或擺設商品的貨架遮住了老屋的全貌，歷史空間在視覺上也因此變得破碎侷促。

今日攤販與店家雲集的鹿港老街，滿滿的人潮

老街裡的畫家

我來到一間敞開大門的古厝。裡面正舉辦古代鹿港市街風情的畫展，這些作品約四開大，彼此串連，觀者可從中看到各式各樣的人物與情節，直讓我聯想到描繪北宋汴京的《清明上河圖》。

畫作的作者是位年約五十多歲、頭髮花白的 R 先生，正在場內專注畫畫。我和他攀談了起來。

鹿港老街裡的半邊井老屋，是鹿港老街裡少見的居住空間

「我覺得老師的作品很有趣，就像是鹿港版的《清明上河圖》。我很好奇，當初怎麼會想畫這個題材呢？」我問。

「也是因緣際會啦，幾年前我到鹿港公會堂辦展，那時展示了一張清明上河圖的局部臨摹，有位在地友人看了很有興趣，就向我提出這個構想，不過一直拖到前段時間才開始動筆。」

「為什麼會選鹿港老街做為題材呢？」

「喔，我想畫出鹿港在清代最繁榮的模樣。因為鹿港老街從前是沿著河道的碼頭區，是貿易的心臟地帶。老街裡的街屋曾是大批發的倉庫，船停靠在街屋靠河道的那端，方便工人搬運貨物，面對街道的另一端則用來做生意。會選擇畫老街的風景，是因為這裡的巷道曲折蜿蜒，看得到河道上的帆船，可以代表鹿港做為貿易商港的風采，而且畫面情節的安排也比較豐富。」R先生神采飛揚地說著前因後果。

日治時代，富有泉州風情的鹿港舊風景（鹿港鎮公所提供）

　　說到鹿港做為港口的歷史，鹿港在清代曾是與福建泉州對口的港埠，兩地貿易頻繁，吸引大批的泉州人到此定居，幾乎占了整座城市百分之八十的人口比，也因此讓鹿港成了座充滿「泉州風情」的港口城市。我想，這就是 R 先生想抓住的感覺吧！

　　順著話題，我們繼續聊著。R 先生提到了自己對於今日鹿港老街的看法，他覺得當年規畫為古蹟保存區進行修復時，並沒有把從前的樣貌真正保留下來，很多建築的細節都發生了問題。最明顯的例子，是從前街屋為了做生意，立面都是由可自由拆卸的木板組成。重修後，很多都改成磚造立面，並植入了被大家戲稱為「豆腐窗」的設計。

　　這些錯置的文化細節在無形間抹去了過去鹿港生活形態的歷史記憶。雖說觀光客們意識不到箇中差異，但對當地居民而言，卻成了無法忽視的存在。

　　我們也討論到了對鹿港老街商業化的看法。最顯而易見的問題是，來自於老街裡販售的商品和其他地方同質性太高的現象，其實不只鹿港，這也是全台各地老街商圈普遍存在的情形。

　　老街所代表的是台灣各角落自身的獨特歷史，與文化發展的軌跡。然而，在商業經營與地方脈絡嚴重脫鉤的情況下，老街的建築退讓成了單純的裝飾立面，是件相當可惜的事情。另外，當年為了順應觀光浪潮的興起，鹿港老街的民宅大量轉型為商業空間。現在，已難從中看見鹿港人日常生活的面貌了。人們一方面希望觀光帶給鹿港繁榮與建設，一方面卻又因生活環境的觀光化而困擾不已。未來該如何取得平衡與雙贏？或許只有鹿港人自己才能找到答案吧。

離開鹿港老街後，我到訪北頭漁村，這是老社區裡的一棟老屋速寫

鹿港囝仔的創業

　　晚上，天色沉澱成深深的藍，我又回到了勝豐吧。

　　此次目的是為了拜訪鹿港囝仔的創辦人 C 君。昨晚在許君的牽線下，約好今晚到二樓的工作室進行訪談。工作室裡，幾名年輕男女正專注工作。

　　「當初怎麼會想成立鹿港囝仔呢？」我問。

　　「我在二○一二年時決定返鄉，因為我們這些青年都對家鄉有著濃厚的情感，也不斷思考該用什麼樣的方式進行地方再造，這樣的因緣際會下便成立了鹿港囝仔，以團隊的力量來實踐理想，推廣鹿港文化。而且，鹿港囝仔的成員們都是正職的喔，如果返鄉找不到合適的工作，就自己打造吧！」C 君說。

　　除了創業初衷，我也對鹿港囝仔在草創階段時，如何跨出第一步、提高能見度感到好奇。C 君和我分享了這段起步過程，他們一邊申請補助取得創業資金、一邊舉辦保鹿運動。所謂保鹿運動，實際上是每月一次的社區打掃，活動結束後會有一場簡單的聚會，共同分享勞動的心得。這個活動的目的很單純，是為了讓大家開始關心社區，加深與家鄉的連結。起初雖然參加的人不多，但影響逐步擴散，得到越來越多人的支持，鹿港囝仔也就被看見了。

　　在創業資金的運用上，鹿港囝仔所著重的，是辦出能讓在地人也想參加的活動，這樣才有價值。從紀錄片放映會、小型展覽、音樂會、在地雜誌到鹿港藝術村的駐村等等，他們花了數年的時間不斷磨合、找尋方向。

　　對於「希望辦出在地人也想參加的活動」這件事，讓我聯想到了另一個困擾多時的問題。大約十年前，台南的老屋欣力運動掀起了老屋再生保存的風潮。這麼多年下來，以老屋為賣點的各種店舖雨後春筍般出現。但是不同的店家卻帶給人不同的感受，有的店家成為在地人生活的一部分，有的店家卻只是成為了觀光客的打卡景點，到底怎樣的老屋活化才有意義？

我們針對這個話題展開了討論，或許問題的根源還是在地方關係的經營。Ｃ君認為重視與客戶互動的老闆更能把在地關係經營好，讓客人除了消費外，還能感受到熱情與友情，店家也就慢慢成為當地人生活的一部分，而非只是一次性消費的觀光場所。

「經過這幾年的摸索，目前鹿港団仔的計畫是什麼呢？」短暫離題後，我又將目光放回到鹿港団仔身上。

「我們現在主要的業務是做為顧問公司來承辦活動，比方說今秋藝術節，便是我們每年都會固定舉辦的一場展現鹿港文化盛會。同時也在嘗試各種新創項目，像是由剩布計畫發展為手作品牌『參先生』、經營社區餐廳『禾火食堂』等。」

「看來起相當忙碌呀！」

「其實不止這些呢，我們還有其他的項目。不過主要在加強軟體部分。一方面經營網站，透過電子商務協助地方店家與品牌提高能見度。另一方面，無論是透過藝術節的志工培訓及開設工作坊傳授經驗，希望建立一個返鄉青年的中介平台，將經驗分享出去。如果能建立風氣，打造屬於在地的文創產業，或許就能改變觀光生態吧！」Ｃ君繼續補充。

「該怎麼做才能改變觀光生態？」

「我們希望能讓觀光客融入在地生活，而非在地發展去遷就觀光客，這兩點差別很大，我認為讓觀光回歸生活是觀光能夠深化的關鍵。我們必須思考，什麼才是鹿港真正需要的。」

熱情洋溢的Ｃ君

我們雖然沒聊到「地方創生」，但從對談內容，卻能感覺鹿港団仔正朝這個方向邁進，為今日鹿港的觀光環境帶來清新的氣息。他們從社區營造出發，慢慢建立品牌，再將這股動能轉化為創生的動力，逐漸摸索出可以永續經營的特色觀光商業模式。

　　鹿港，是一個擁有深厚文化的古鎮。城市中眾多的紅磚古厝、古代貿易繁盛時期的歷史記憶，都讓它擁有豐厚的資源發展特色觀光。此外，如許君所言，鹿港人的就業基礎是鄰近工業區而非觀光業，除了帶來人口的流動，也表示鹿港人本身就有足夠的消費力道，無需仰賴觀光客，就足以推動地方文創產業。

　　訪談結束前，我問了 C 君最後一個問題，「你覺得為什麼我們需要了解地方歷史呢？」

　　「有根的感覺吧！有根，心裡才會覺得踏實。」

　　這句話像投入水面的石頭，在我心裡掀起波瀾。掩上門，站在工作室外的樓梯，看著貼滿活動海報的牆面，深深地感覺到，創業生涯固然忙碌，然而他們擁有明確的目標，可以説熱情地過著生活吧！

　　走下樓，勝豐吧如常的擠滿客人，許君正專心地泡著咖啡。但夜色，卻積澱的更加深沉了。

鹿港囝仔辦公室外的活動海報牆（筆者攝）

第七站

台北

‖‖‖‖‖‖‖‖ 日與夜的散步 ‖‖‖‖‖‖‖‖

台北夜景，十年前我在台北學
畫時的舊作，勾起許多回憶

▎日與夜的散步 ▎

我的台北印象

　　某個週五晚上，我又一次來到了台北。坐在客運裡，靜靜地看著
窗外，街上的景物帶著大城市獨有的整齊與灰調，而那些色彩豐富的
招牌與燈光就點亮在群青色的夜幕裡，這一切就好像是某幅技巧超群
的水彩畫似的。

　　客運的終點是台北火車站。我一切在台北的回憶，也都圍繞著台
北火車站展開。比方說，我對它最早的印象，是童年時看見的捷運施
工現場，汽車行駛在鋪滿鐵板的忠孝西路上，輪胎碰撞鐵板，發出巨
大噪音。隨著年紀增長，我到台北的次數越來越多。和女友約會的時
候、當兵的時候、碩班時每個週末學畫的時候或是現在定期北上教畫

的時候。

　　我從未在台北生活過，每一次的到訪都像一場小小的旅行，它們彼此串連，形成了我所感受到的台北。而台北火車站，是旅行的起點，也是終點。

　　現在的我仍在創造關於台北的回憶，它們並非什麼新奇的體驗，只是互相疊加在一起的平凡瑣事罷了。隨性的散步亂走、單純的教畫時光或和老友聚會小酌。我一直試著寫些什麼或畫些什麼，趕在記憶遠去前，將它們放進文字與圖畫的容器裡。我想我正在成為一個不進行書寫或繪畫，就感覺生活無法變得完整的那種人了。

今日的國立臺灣博物館

日的散步

翌日早晨，自投宿的旅館「夾腳拖的家」離開，前往台北火車站和朋友Ｌ君會合。Ｌ君來自上海，趁著週末專程來台北找我學畫。因下午才上課，於是安排了一個上午的散步時間。

該去哪裡好呢？走著走著，想到了找尋佐藤春夫足跡的路線。

台北是佐藤春夫旅行的起點與終點。他曾在這座城市短暫停留了兩個禮拜的時間。雖沒有留下文字記載，但從學界研究的論文裡（*19），還是能讓我推敲出他曾經到訪的地方。幾經考慮，決定前往二二八公園。

越過車潮湧現的忠孝西路，我們來到新光摩天大樓，再沿館前路，前往二二八公園。一座典雅的白色西式建築像紀念碑似的，矗立在府前路的盡頭，那是公園內的「臺灣博物館」，也是散步路線裡的文學地景，佐藤春夫在這裡結識了為他安排旅台行程的人類學家森丑之助。

我還從另一個角度向Ｌ君介紹了這棟老建築。十九世紀末，台北建城之初，清廷曾修建了座官方祭祀的媽祖廟「大天后宮」。日治初期，殖民政府開始有計畫的抹除清朝官方象徵，於是大天后宮被拆除，取而代之的是代表新權力的西式博物館及嶄新的現代化公園，這便是日治時代的空間變遷。

走進博物館內，這裡正在舉辦展覽，詳細介紹了日治時代各領域學者們的成就與故事。那些當年蒐羅標本的學者們如今成了被觀看的對象，文物被陳列在櫥窗裡，靜靜的沉睡著。至於那位將佐藤春夫與台灣串連起來的森丑之助，他的人生與發現也動人的展示在眼前。我曾拜讀過森丑之助的傳記《生番行腳》，對他在台灣山林裡的探險故事及與原住民之間的友情，至今仍印象深刻。

回到二二八公園。步道點綴著三三兩兩的市民。有人坐著閒談、有人緩慢地散步、有人專注地鍛鍊氣功，博物館的白色圓頂突出在噴水池周圍的綠意裡，在這個好天氣的週末上午，充滿了優閒的氣息。

參考森丑之助拍攝的原住民少女舊照片所繪的水彩作品，我將原本的黑白照片重新上色，展場也正展示著許多森丑之助拍下的珍貴原住民圖像

鄒族　　　　　　　排灣族

泰雅族

這些是展場裡展示的原住民人偶，其製作技藝源自於日本傳統的素燒彩色陶——博多人偶。約一九一〇年左右，人偶師井上清助參照森丑之助與坪井正五郎等人類學家的考證，燒製了這些具有學術水準的人偶標本，做為學校教育的素材。其台灣原住民各族的外貌特徵與服飾都呈現得相當精確，具有很高的蒐藏價值

賽夏族　　　　　　　　　　布農族

阿美族　　　　　　　　　　達悟族

The Band Stand. Taipeh.
台北新公園音樂堂

日治時代在台北新公園參加活動聚會的民眾（引用自美國拉法耶特學院，同 *11）

　　走在這片祥和的風景裡，我和 L 君聊到了一百年前公園裡熱鬧鼓動的景象。那天夜裡，草地上聚滿了提著紅色日式燈籠、身穿和服的人群，紅光在地面閃耀著。此時，人們因為行政區改制，正慶祝著「台北市」的誕生。佐藤春夫也參加了這場慶典，見證著歷史的時刻。緊接著，燦爛華麗的夜間燈籠大遊行開始了，他隨著人潮湧向台北街頭，遊行隊伍行經總督府，最後在台北市役所前結束。(*20) 在綿延不絕的萬歲聲中，跟著隊伍前進的佐藤春夫，又在想些什麼呢？當我口沫橫飛地描述那晚的盛況時，一切就像發生在昨夜似的。

　　公園裡除了日治時代的景觀外，還有各時期空間改造所留下的痕跡。比方說突出於一片西洋景觀中的中式庭園，那是在一九五〇至六〇年代間，政府為了強化台灣人的中國意識而出現的符號。又比方說公園裡的紀念碑，是在解嚴後為紀念二二八事件而修築的，象徵著民

主時代的來臨。

　　若再觀察的仔細些，還會發現更多歷史的痕跡。例如大天后宮的石柱基座成了公園裡的石椅、博物館旁的貞節牌坊是市區改正時移置的、入口處的銅馬與銅牛則是在台灣神社拆除後安放等等。有人說這裡就像一處難民營，蒐羅了各時代的遺物。

　　我想，這正也是二二八公園的引人之處，除了佐藤春夫的足跡外，還能看見從清代到解嚴後台灣歷史的變遷。

二二八紀念碑

中式庭園建築景觀

夜裡的夾腳拖的家

台北辦桌晚會

繪畫課在下午五點結束，與 L 君告別後，我回到夾腳拖的家。此時，這裡已聚集了正為辦桌晚會做準備的工作人員。廚師與水腳仔們（助手的台語稱呼）穿著膠鞋與工作服，在棚子裡切菜、擺盤、烹煮，白色的蒸氣從銀灰色的蒸籠裡冉冉升起。

天色轉為深藍，揉和著地上繁華的市街擴散而出的光暈，彼此渲染，襯托眼前的忙碌景象，似乎可以聞到辦桌菜色的香氣了。

我之所以會來參加辦桌活動，是受到了旅館老闆的邀請。前段時間與夾腳拖的家合作速寫計畫，老闆興沖沖地提起了「打狗小滿月」，他說這個活動取自二十四節氣中的小滿，會邀請高雄在地團體和作家前來分享社區營造、老屋翻新、旅行經驗等主題，另外也舉辦市集和辦桌，歡迎我一起來共襄盛舉。

這幾年來我對辦桌的印象逐漸改觀，大概是受到了電影《總舖師》的影響。雖然電影劇情不免誇張，卻提供一個觀看事情的新角度。它讓我深深地體悟到辦桌背後所展現的，是與傳統生活緊密結合的台灣文化。想到這點，擺上桌的每道菜餚頓時有了不一樣的滋味。

客人陸續就座，菜餚一道道的上桌，筵席間還穿插了魔術表演，ＤＪ在舞台上選播老歌。吃到一半時，我聽到了熟悉的旋律，仔細回想，應該是鄧雨賢作曲、周添旺填詞的〈夜月愁〉：

月色照在三線路　風吹微微　等待的人哪未來
心內真可疑　想抹出彼個人　啊～怨嘆月暝

更深無伴獨相思　秋蟬哀啼　月光所照的樹影
加添我傷悲　心頭酸目屎滴　啊～無聊月暝

敢是注定無緣分　所愛的伊　因何手阮放抹離
夢中來相見　斷腸詩唱抹止　啊～憂愁月暝

在辦桌晚會裡的人們

　　這首歌發表於一九三〇年代，唱的是在銀色月光下，殷切期盼戀人出現的心情寫照。不過，其旋律卻源自於平埔族歌謠，在有樂譜記載之前，早已傳誦了數百年。十九世紀末，馬偕博士來台傳教，為這歌謠配上文字，譜寫成宣教詩歌，將旋律記載下來，幾十年後才被改編為〈夜月愁〉。哀愁的旋律與歌詞完美契合，成為日治時代頗具代表性的流行音樂。雖然〈夜月愁〉被不斷的翻唱改編，但最原始的台語版本至今仍廣為流傳。我想，真正的藝術作品，是可以超越時間的，就像一顆寶石，不管在任何年代，都會熠熠生輝。

　　聽著這首歌的時候，不知為何，我想起了佐藤春夫，或許是因為他也來自於那個時代吧。

夜的散步

我提前離開了辦桌會場，重走早上的散步路線。獨自一人的行走，多了暫停、觀察、行走的節奏，夜裡的台北和白天的台北很不一樣，而我也有了更多餘裕，可以留心周遭環境。

來到台北火車站，巨大的屋簷下多出了白天未曾見到的風景。觀光宣傳常説台灣最美的風景是人，那麼棲身在車站的遊民們，應該是被宣傳排除在外的畫面吧。但是，他們確實是風景之一。

放慢腳步，我因此看見了遊民們活動的細節：他們多半將撿來的紙箱疊上好幾層，鋪在地上做為臨時床墊，資源較充足的人，可以睡在撿來的破睡袋裡，躺在堅硬的地面不斷轉身。有的遊民會試圖運用多出來的紙箱或是珍貴的雨傘，創造一個與外界隔離的獨處空間。每

夜裡的台北火車站

個人都是疲憊不堪的模樣。路上行人來來去去，旅客拖著行李箱在車站門口進進出出，輪子在地上發出喀喀喀的聲響，讓遊民們想睡，卻又輾轉難眠。

　　我沒辦法把相機對準他們拍照，這讓我覺得好像以一種侵略性的姿態入侵了他們的空間，同時又像在觀賞動物園裡的動物般冷漠。沒多做停留，我離開了遊民駐紮的區域。

　　走在火車站旁的人行道上，視線的前方是像火柱般聳立的新光摩天大樓，夜晚像催化劑，讓我又一次想起佐藤春夫，思緒也跟著回到了一百年前。那時新光摩天大樓尚未出現，它的原址是棟華麗的西洋建築「台灣鐵道飯店」。

　　在某個賓客雲集的夜晚，佐藤春夫應邀出席了一場為慶祝《南方藝術》雜誌創刊而舉辦的音樂會，並為聽眾們進行即席的旅行分享。我好奇他是如何看待自己的這場台灣之旅？他說：「因為對這個世界感到厭倦，於是逃避了現狀去旅行。」(*21)

　　從他的言談中我感覺到，旅行是治療人們對生活感到疲憊的一種方式。對於努力生活的我們，總會因為不斷累積的壓力、不斷循環的平凡日常，而感受到心靈的困境。暫時離開，去進行一場旅行，就如同在毫無生氣的水面投下一顆石子，激起生活的漣漪，帶來前進的動力。

過去的聲音就像沙灘上的足跡，在潮水的起落間時隱時現。他的話讓人思考，我想，我們每個人在生命的某個時刻，或多或少，都需要一場旅行吧！

經過早上走過的館前路。沿途商場、辦公大樓、補習班林立，這裡從清代台北城建立起一直是商業精華地段。在黑夜的襯托下，五彩繽紛的光線將台北的繁榮盡顯無疑。和明亮的館前路相比，台灣博物館與二二八公園籠罩在微弱的街燈裡，顯得特別靜謐。

白天與夜晚的二二八公園扮演著兩種截然不同的角色。白天，這裡是主政者的重塑空間，展現政治主張的地方；夜晚，卻是男同志文化的施展舞台。據說，日治時代起，這裡已是男同志情慾潛伏流動的空間了，公園裡常有人互相搭訕，在隱密的地方發生性關係。即使到了各式同志社交場所興起的現代，這裡依然是男同志交友的熱門地點。那麼我有被搭訕嗎？不好意思，沒有什麼特別情況發生。

夜裡的二二八公園

離開二二八公園後，我沿懷寧街散步前往總統府（日治時代的台灣總督府）。凱達格蘭大道已被封鎖，顯得空蕩蕩的。除了幾名站崗的警衛外，還有幾個騎著橘色自行車的遊客，在大道上來回繞圈嬉戲。

總統府高聳的紅色塔樓，讓人不得不抬頭仰望，這是殖民政府刻意為之的設計，目的是要讓人民感受到政權的威嚴與權力。我注意到大道的一端搭起了舞台，像是要發出挑戰似的，與總統府在同一條中軸線上爭鋒相對。我猜，這個舞台應該是某某政治人物的造勢布置，被封閉的大道應該也是為了因應即將到來的造勢活動吧！

夜裡的總統府

啊，是呀，二〇二〇年的總統大選就要到了。大選過後，台灣又會航向什麼樣的地方？這讓我感到一陣茫然。對今日的生活方式早已習以為常的我們，無法察覺它內在脆弱的本質，任何錯誤的決定都會帶它走向不可逆轉的毀滅，就像摔得粉碎的花瓶一樣。

看著舞台與總統府，我想起了一九二〇年那場慶祝行政區改制的燈籠大遊行。在一片萬歲聲中，浩浩蕩蕩的遊行隊伍經過總督府，向站在司令台上的總督歡呼。然而，佐藤春夫夾雜在人群裡，看著浮華的表面，卻有著複雜的心情。三個月來的旅行見聞讓他感覺到，這座島嶼正處在時代變動的轉折點，看不清未來的方向。

現在的我們，何嘗不像百年前一樣，對未來感到迷惘？百年後的人們，又將以什麼樣的眼光來審視我們即將經歷的歷史？此時〈月夜愁〉的旋律，悄悄在我的心底，輕輕地哼了起來。

找尋旅行的意義

幾個月後，我又回到了台北，算算日子，約是十一月底氣溫開始驟降的時分。這次，除了繪畫課外，還安排了與出版社討論出書細節的行程、與大學朋友聚會，以及接某個插畫案的討論等等。我在忙碌的行程中度過了在台北的週末。

在出版社時，總編懇切地建議我，「我覺得你能書寫到二十萬字真的讓我欽佩，尤其是關於佐藤春夫的部分非常仔細。不過，也因為太詳細而略嫌瑣碎，反而會干擾讀者閱讀，希望你能精簡內容，讓這本書再活潑些。」

我答應總編的建議。回到台南後，花了三個月的時間打破重寫，將篇幅刪減至五萬多字，雖然這一年來的部分心血都白費了，卻讓我對那段找尋佐藤春夫的旅行有了更多的認識，而這本書也成了面對自己的一種對話。

改寫的同時，我試著將那些瑣碎的觀察串連起來，濃縮成一個簡單的概念——旅行的意義。這是我一直想要弄明白的地方。我像是走在茂密的森林裡，雖身在其中，卻對森林的全貌一無所知。

對佐藤春夫而言，旅行的意義在於它是治療人們對生活感到疲憊的一種方式。對我而言，還有另一層解讀。生活在現代社會的我們，在開始一場旅行之前，早已透過旅遊書籍、大眾媒體或網路資訊，對一個未曾到訪的地方有了簡化後的想像。

旅行的意義，或許就在於我們能理解到自己對世界的認知是簡化後的結果，而願意改變自己的節奏，調整觀看的視角，進行內在的思考，進而「看見更多的複雜性」吧。這個世界是複雜的，我們透過旅行，讓自己的生命豐富起來。

這是我在這一年來旅行與創作中所得到的體悟。直到此時，我才看見了這座森林的部分全貌。最後，將這本書獻給大家，希望它能為你的生活，帶來新的啟發。

寫於二〇一九年末

我於台北水彩課示範的雨後夜景，是當時去
日月潭的第三天晚上回旅社時所看到的畫面

▎參考資料▎

*1：佐藤春夫，《殖民地之旅》P360~P365，邱若山譯，前衛，二〇一六。

*2：老地圖的引用來源說明如下：中央研究院人社中心 GIS 專題中心 (2018) 臺灣百年歷史地圖，1937 年高雄市街計劃圖。連結網址如下 http://gissrv4.sinica.edu.tw/gis/twhgis/

*3：蘇碩斌，〈觀光／被觀光：日治台灣旅游活動的社會學考察〉，《台灣社會學刊》第三十六期，P167~209，二〇〇六。

*4：陳坤毅，〈【公民寫手】守護哈瑪星：世界地球日，新濱老街動起來！〉，上下游新聞網，二〇一二。

*5：佐藤春夫，《殖民地之旅》P243，邱若山譯，前衛，二〇一六。

*6：呂湘瑜，〈打開心靈與世界的連結 ──「旅行與旅行書寫」的意義與價值〉，《通識教育學報》第三期，P61~88，二〇一五。

*7：佐藤春夫，《殖民地之旅》P207~265，邱若山譯，前衛，二〇一六。

*8：邱雅芳，《帝國浮夢：日治時期日人作家的南方想像》P368~381，聯經，二〇一七。

*9：河野龍也，〈佐藤春夫「女誡扇綺譚」と港の記憶 ── 再説・禿頭港と醉仙閣〉，《年報》，第三十二期，P270~291，二〇一三。

*10：老地圖的引用來源說明如下：中央研究院人社中心 GIS 專題中心 (2018) 臺灣百年歷史地圖，1895 年台南及安平近傍圖。連結網址如下 http://gissrv4.sinica.edu.tw/gis/twhgis/

*11：美國拉法耶特學院的版權說明資料 Image courtesy Special Collections and College Archives, Skillman Library, Lafayette College, and the East Asia Image Collection (http://digital.lafayette.edu/collections/eastasia/)

*12：河野龍也、蔡維綱，〈「女誡扇綺譚」的廢屋 —— 從土地資料的重新探討〉，蔡維綱譯，《台灣文學史料輯刊》第七輯，P62~90，二〇一七。

*13：河野龍也，〈佐藤春夫の台湾滞在に関する新事実 — 台南酔仙閣と台北音楽会のこと〉，《実践国文学》，第八十五期，P33~42，二〇一四。

*14：陳永龍、鄭安睎，《水沙連古道與聚落研究報告書》，行政院原住民族委員會文化園區管理局，二〇一一。

*15：佐藤春夫，《殖民地之旅》P136，邱若山譯，前衛，二〇一六。

*16：佐藤春夫，《殖民地之旅》P389，邱若山譯，前衛，二〇一六。

*17：劉宸君，《我所告訴你關於那座山的一切》P273，春山，二〇一九。

*18：洪棄生，〈鹿港乘桴記〉，「寄鶴齋古文集」，《洪棄生先生遺書》，頁 2497-2500

*19：河野龍也，〈佐藤春夫の台湾滞在に関する新事実：（三） — 新資料にもとづく旅行日程の復元〉，《実践国文学》，第九十四期，P94~113，二〇一八。

*20：這段百年前的遊行敘述參考自河野龍也教授於〈佐藤春夫の台湾滞在に関する新事実：（三） —— 新資料にもとづく旅行日程の復元〉這篇論文裡的研究。

*21：這段佐藤春夫參加台北音樂會的往事，以及演講內容參考自河野龍也教授於〈佐藤春夫の台湾滞在に関する新事実 ——台南酔仙閣と台北音楽会のこと〉這篇論文裡的研究。

【旅人之星】MS1065

旅 繪 台 灣

用畫筆，記錄這座島嶼最感動的風景

作　　　者　林致維（1/2藝術蝦）
封 面 設 計　蕭旭芳
內 頁 排 版　走路花工作室
總　編　輯　郭寶秀
責 任 編 輯　力宏勳
特 約 編 輯　林俶萍
行 銷 企 劃　許芷瑀

發　行　人　凃玉雲
出　　　版　馬可孛羅文化
　　　　　　10483台北市中山區民生東路二段141號5樓
　　　　　　電話：(886)2-25007696
發　　　行　英屬蓋曼群島商家庭傳媒股份有限公司城邦分公司
　　　　　　10483台北市中山區民生東路二段141號11樓
　　　　　　客服服務專線：(886)2-25007718；25007719
　　　　　　24小時傳真專線：(886)2-25001990；25001991
　　　　　　服務時間：週一至週五9:00～12:00；13:00～17:00
　　　　　　劃撥帳號：19863813 戶名：書虫股份有限公司
　　　　　　讀者服務信箱：service@readingclub.com.tw
香港發行所　城邦（香港）出版集團有限公司
　　　　　　香港灣仔駱克道193號東超商業中心1樓
　　　　　　電話：(852)25086231　傳真：(852)25789337
　　　　　　E-mail：hkcite@biznetvigator.com
馬新發行所　城邦（馬新）出版集團【Cite (M) Sdn. Bhd.
　　　　　　(458372U)】
　　　　　　41, Jalan Radin Anum, Bandar Baru Seri Petaling,
　　　　　　57000 Kuala Lumpur, Malaysia
　　　　　　電話：(603)90578822　傳真：(603)90576622
　　　　　　E-mail：services@cite.com.my
輸 出 印 刷　前進彩藝有限公司
初 版 一 刷　2020年5月
初 版 二 刷　2020年9月
定　　　價　420元

Tradition Chinese edition copyright: 2020 by Marco Polo Press, a Division of Cité Publishing Ltd. All rights reserved.

ISBN 978-986-5509-16-3

感謝圖片提供：吳坤霖、陳偉哲、許鉅輝、中央研究院人社中心GIS專題中心、美國拉法耶特學院、國立臺灣歷史博物館、鹿港鎮公所
版權所有 翻印必究（如有缺頁或破損請寄回更換）

國家圖書館出版品預行編目資料

旅繪台灣：用畫筆，記錄這座島嶼最
感動的風景/ 林致維著. -- 初版. -- 臺
北市：馬可孛羅文化出版：家庭傳媒
城邦分公司發行, 2020.05
　　面；　公分. -- (旅人之星；MS1065)
ISBN 978-986-5509-16-3(平裝)

1.臺灣遊記 2.人文地理

733.6　　　　　　　　　　109003808